WiR berichten:

Wirbel im Rathaus

EDITION OCTOPUS

Bibliografische Information der Deutschen Bibliothek

Die Deutsche Bibliothek verzeichnet diese Publikation in der Deutschen Nationalbibliografie; detaillierte bibliografische Daten sind im Internet über <http://dnb.ddb.de> abrufbar.

WiR – Wirbel im Rathaus
© 2013
ISBN 978-3-86991-783-2
Alle Rechte bei den Urhebern

... und das sind WiR

Herausgeberin Hannah Schmidt-Kuner, Aachen

Text Susana dos Santos Herrmann, Köln

Lektorat Anja Schmidt, Aachen

Gestaltung und Illustration Atelier am Kirschgarten, Sybille Hübener, Köln

Satz Rhein 709 · Atelier nützlicher Bilder, Gerd Lang, Köln

Druck und Bindung MV-Verlag

Verlag © 2013 der vorliegenden Ausgabe: Edition Octopus.
Die Edition Octopus erscheint im Verlagshaus Monsenstein und Vannerdat OHG Münster, www.edition-octopus.de

Gesetzt aus der Gentium, Orthografie nach den Rechtschreibregeln von 2006

Dieses Buch wurde gedruckt auf FSC-Mix-Papier, ohne optische Aufheller, Qualität: ISO 9706 (beinahe unbegrenzt alterungsbeständig)

Inhalt

Personenübersicht	6
Ende eines Klassenausflugs	9
Besuch vom Bürgermeister	14
Frühstück beim Bürgermeister	22
Joggen mit dem Bürgermeister	27
Der Stadtrat tagt	32
Wo ist der Bürgermeister?	43
Chaos in Wildenburg	50
Ein Freizeitpark für Wildenburg	58
Unterschriften für einen Freizeitpark	64
Treffen im Rathaus	69
Pressekonferenz im Rathaus	71
Streit im Bürgermeisteramt	76
Krach beim Bürgermeister	81
Pläne werden geschmiedet	86
Pläne werden umgesetzt	89
Der Bürgermeister hält Wort	95
Bürgerinformationsversammlung	97
Kaffeekränzchen	101
Ein Brief als Nachwort	106
Erklärung wichtiger Fachbegriffe	108
WiR haben dieses Buch gemacht	112

Personenübersicht

Karl-Heinz Metzger
Beigeordneter

Robert Schultz
Bürgermeister von Wildenburg

Herr Schmitz
Rathauspförtner

Pia (links)
Julias beste Freundin,
Klassensprecherin

Julia (rechts)
Tochter von Robert Schultz,
Schülerin in der Marktschule

Waltraud Schöne
Besitzerin eines Feinkostgeschäfts
und Vorsitzende des Vereins
„Interessengemeinschaft
Einzelhandel in Wildenburg"

Christine Katzmann
Stellvertretende
Bürgermeisterin

Carla, Falk, Tatjana, Mesut
und weitere Schülerinnen und Schüler aus Julias Klasse

Britta Klein
Polizistin und Jogging-Partnerin
von Robert Schultz

Frau Schultz
Mutter des
Bürgermeisters
und Großmutter
von Julia

und

Frau Bauer
Klassenlehrerin

Walter Herbst
Investor
für eine Motorsport-
Trainingsstrecke

Josef Meyer
Investor für
ein Einkaufszentrum

Miriam Mühlen
Sekretärin
des Bürgermeisters

Fraktionsvorsitzende
der Stadtratsparteien

ein Fotograf
der Wildenburger
Nachrichten

Ende eines Klassenausflugs

„Wow, ein unglaubliches Gefühl! Cool! Nein, viel besser als das!" Falk war noch ganz atemlos.

„Ja, das war das Beste am ganzen Ausflug!", bestätigte sein Freund Jan. Beide Schüler hatten gerade die letzte Station des Wissenschafts- und Freizeitparks „Sieben Weltwunder" getestet. Mit einem Fallschirmspringeranzug, aber ohne Fallschirm waren die beiden in einem Windkanal geflogen. Ein Trainer hatte die jungen Flieger begleitet und kleine Hilfestellungen geleistet. Doch eigentlich waren sie ganz von selbst – nur durch die Kraft des Windes – im Kanal geflogen. Ohne jede weitere Hilfe. Mehrere Minuten schwebten sie in der Luft. Einfach unglaublich!

Vorher hatten die sechsundzwanzig Kinder der Marktschule zusammen mit ihrer Klassenlehrerin Frau Bauer im Wissenschafts- und Freizeitpark ihre Ehrlichkeit am Lügendetektor getestet, Geschicklichkeitsrennen auf dem Segway veranstaltet und auf Skateboards kleine Kunststücke in der Halfpipe ausprobiert.

Zur Mittagszeit hatte die Klasse gelernt, mithilfe der Sonne und eines Parabolspiegels zu kochen. Mit diesem hatte die Klasse Sonnenstrahlen bündeln können. Es wurde dadurch so viel Hitze erzeugt, dass ein großer Kessel mit Wasser zum Kochen gebracht wurde. Daraus bereiteten die Kinder Tee, den sie während einer Pause zu ihren Broten tranken.

Jetzt nach dem Flugabenteuer machte sich die ganze Klasse auf den Weg zurück zum Hauptbahnhof von Wetterstedt. Über zwei Stunden würde die Heimfahrt für die Schüler und Schülerinnen aus Wildenburg noch dauern.

"Wann können wir nochmal herkommen?", fragte Pia. "Ich glaube, als Klasse kommen wir nicht mehr her", antwortete Frau Bauer. "Es gibt noch viele andere interessante Ausflugsziele. Aufpassen jetzt! Der Zug kommt. Wir haben Plätze im Wagen 27 reserviert."

Während der Fahrt diskutierten alle wild durcheinander über die tollsten Ereignisse des Tages. Sie sprachen über das Labyrinth im Maisfeld und den Sinnesparcours, bei dem man mit verbundenen Augen barfuß über verschiedene Stoffe gehen musste. Dabei sollte man beschreiben, was man fühlt, und am besten erraten, worüber man gerade ging.

"Schade, dass der Park so weit weg ist", meinte Mesut. "Ich würde am liebsten am Wochenende nochmal hinfahren. Aber bestimmt muss ich mit meinen Eltern wieder Verwandte besuchen."

"Ja, blöd, dass es in Wildenburg nicht so einen Park gibt", stimmten Falk und Pia wie aus einem Munde zu. "Dann könnten wir auch mal so hingehen und müssten nicht warten."

"Warum gibt es in Wildenburg nicht so einen Park, Frau Bauer?" Pia hatte den beiden Jungs den Rücken zugekehrt und sich der Klassenlehrerin zugewandt.

"Ich weiß nicht. Wahrscheinlich kostet das ganz schön viel Geld, einen solchen Park zu errichten. Dann braucht man eine Genehmigung, um ihn überhaupt aufbauen zu dürfen. Und schließlich muss er den Leuten einer Stadt und der Umgebung so gut gefallen, dass sie oft hingehen, damit sich das ganze Unternehmen lohnt. Hm. – Na ja, es kann halt nicht in jeder kleinen Stadt so einen Park geben", meinte Frau Bauer bedauernd.

„Aber Wildenburg ist doch gar nicht so klein", drängte Pia weiter, „und drum herum leben auch jede Menge Menschen, denen so ein Park Spaß machen würde."

„Ja schon, aber es muss auch Leute geben, die einen solchen Park finanzieren, und vermutlich braucht man noch ein gut geeignetes Grundstück." Die Lehrerin setzte sich aufrecht hin. „Du hast ja gesehen, dass der Park ganz schön viel Platz braucht."

„Wie viel Geld kostet denn so ein Park?", wollte Mesut wissen.

„Keine Ahnung. Aber es werden schon ein paar Millionen Euro sein. Ich habe gelesen, dass es für den Wissenschafts- und Freizeitpark in Wetterstedt Unterstützung von der Stadt gab. Sonst würde er heute wohl nicht existieren."

„Warum muss alles, was Spaß macht, immer so kompliziert sein?", maulte Pia.

„Ja, echt blöd", pflichteten Falk und Jan von hinten bei.

„Wieso?" Julia mischte sich jetzt in das Gespräch ein. „Ist doch alles gar nicht so schwer!"

„Klar, du hast bestimmt das Geld, so einen Park zu bauen", spottete Pia. „Ich freue mich schon auf die Eröffnung."

„Kannst du auch! Ich hab zwar kein Geld, aber einen Vater, der Bürgermeister ist, und der kann dafür sorgen, dass in Wildenburg so ein Park gebaut wird!" Julia klang sehr selbstsicher. Doch bei den anderen löste ihre Antwort nur lautes Gelächter aus.

Zuerst guckte Julia etwas beleidigt, doch dann entspannte sich ihr Gesicht und sie lächelte: „Ihr werdet sehen. Mein Vater kann wirklich dafür sorgen, dass es bei uns dann auch so einen Park gibt." Sie wandte sich Frau Bauer zu:

„Stimmt doch, dass Bürgermeister so etwas können, oder?"

„Ja, das stimmt. Jedenfalls haben sie ein gehöriges Wort mitzureden, wenn so ein großer Park gebaut wird", bestätigte Frau Bauer Julias Äußerung.

„Und wenn schon", fiel ihr Pia ins Wort, „seit wann hören Eltern schon auf ihre Kinder. Mein Vater erzählt mir jedenfalls nichts von seiner Arbeit. Wie sollte ich ihm dann sagen, was er tun soll?"

„Das ist bei uns anders", gab Julia etwas schnippisch zurück. „Als mein Papa zum Bürgermeister gewählt wurde, hat er mir gesagt, dass ich ihm sagen soll, was er für Kinder in Wildenburg tun soll. Jetzt nehme ich ihn beim Wort."

„Na, sei mal nicht ganz so hochnäsig, Julia", mahnte Frau Bauer. „Es stimmt ja, dass ein Bürgermeister eine Menge bestimmen kann in einer Stadt. Aber so ganz allein und auf Zuruf seiner Tochter geht das bestimmt auch nicht."

Jetzt wurde Julia etwas nervös, errötete leicht und antwortete: „Klar, es dauert alles eine Weile, sagt mein Vater. Aber ich bin sicher, dass er so einen Park auch gut findet, wenn ich ihm davon erzähle. Vielleicht könnten wir ihn ja mal im Rathaus besuchen. Dann erzählen wir ihm alle von dem Park."

„Das ist eine gute Idee", meinte Frau Bauer, „das machen wir." Sie drehte sich zu den anderen Schülern um: „Seid ihr einverstanden?"

Alle nickten. Nur Pia blieb skeptisch.

Sie schaute Julia herausfordernd an: „Das ist ja schön und gut. Aber ich glaube immer noch nicht, dass wir in Wildenburg so einen tollen Freizeitpark bekommen. Kein Politiker hält doch seine Versprechen – sagt jedenfalls meine Oma."

Julia schnaubte und suchte nach einer passenden Antwort als die Durchsage kam: „Verehrte Fahrgäste, in wenigen Minuten erreichen wir Wildenburg." Frau Bauer trommelte die ganze Klasse zusammen und die Kinder gingen gemeinsam zur Zugtür.

Besuch vom Bürgermeister

Es war spät geworden. Ein schon etwas kühler Spätsommertag würde bald mit einem schönen Sonnenuntergang enden, als die Klasse Wildenburg endlich erreichte. Viele Eltern waren zum Bahnhof gekommen, um ihre Kinder abzuholen. Julias Vater, Wildenburgs Bürgermeister Robert Schultz, war immer viel beschäftigt und kam häufig erst nach neun oder zehn Uhr abends nach Hause. So hatte er seiner Tochter auch an diesem Morgen vor der Abfahrt gesagt, sie solle allein nach Hause kommen. Doch als Julia sich gerade aufmachen wollte, kam der Bürgermeister im Jogginganzug auf sie zugelaufen.

„Hi, Papa. Ich dachte, du hättest noch einen Termin", begrüßte ihn Julia.

„Ja, dachte ich auch, aber meine Laufpartnerin konnte heute kurzfristig nicht zum Joggen kommen, und so habe ich spontan meine Pläne geändert und hole dich doch ab. Sehe ich eigentlich peinlich aus?"

Der Bürgermeister war noch atemlos, weil er so schnell die Treppen zum Bahnsteig hoch gelaufen war. Er zeigte mit der linken Hand auf sein Laufshirt und die Laufhose.

„Nun, man sieht einen Bürgermeister nicht jeden Tag im Sportdress", antwortete ihm Frau Bauer. „Aber es ist schön, dass ich Sie gleich hier am Bahnsteig ansprechen kann, Herr Bürgermeister."

„Oh je, hat Julia etwas ausgefressen?" Julias Vater schaute zuerst Frau Bauer und dann seine Tochter an.

„Nein, eigentlich nicht. Oder vielleicht doch: Sie hat auf der Rückfahrt gesagt, dass wir Sie bestimmt mal im Rathaus besuchen dürften, weil die Klasse ein Anliegen an Sie hat." Frau Bauer berichtete in knappen Worten über die Diskussion während der Rückfahrt.

„Verstehe. Das ist keine schlechte Idee. Aber ich wollte ohnehin alle Wildenburger Schulen einmal besuchen. Dann kann ich ja gleich mit Ihrer Schule anfangen. Wissen Sie was? Meine Sekretärin meldet sich morgen bei Ihnen und macht einen Termin aus. Aber ich komme dann in die Klasse. Einverstanden?"

Frau Bauer nickte und reichte dem Bürgermeister die Hand. Sie verabschiedeten sich und Robert Schultz nahm Julia den Rucksack ab. Beide verließen als letzte den Bahnsteig und gingen nach Hause.

Unterwegs erzählte Julia von den vielen Eindrücken aus dem Wissenschafts- und Freizeitpark. Sie sprach von den Versuchen, auf dem Skateboard in der Halfpipe nach oben zu gelangen, und der Kochstunde mit Sonnenenergie.

„Zuerst habe ich mich nicht getraut, in den Windkanal zu gehen. Aber das war echt das Beste am ganzen Park." Julias Augen leuchteten vor Begeisterung. „Der Wind war so stark, dass er uns getragen hat. Wir sind alle ohne Hilfe geflogen. Total klasse Gefühl!"

„Das glaube ich. Hoffentlich seid ihr jetzt alle wieder mit den Füßen fest auf der Erde und habt mit eurer Klasse nicht so aufregende Ansprüche an mich."

Gerade einmal eine Woche nach dem Ausflug stand für Julias Klasse das nächste besondere Ereignis an: Bürgermeister Schultz wollte sie besuchen und über den Wunsch der Schülerinnen und Schüler sprechen, einen Freizeitpark für Wildenburg zu errichten.

In den Tagen zuvor war keine Pause vergangen, in der sie nicht den Kindern aus den anderen Klassen von dem tollen Ausflug nach Wetterstedt erzählt hatten. Natürlich wollten die anderen auch einmal mit Sonnenenergie kochen oder im Windkanal fliegen. Einige Klassen hatten ihre Ziele für einen Ausflug sofort geändert und nun Wetterstedt eingeplant.

Die Klasse empfing den Bürgermeister mit einem großen selbstgemalten Plan für einen Freizeitpark. Wie in Wetterstedt sollte der Park Attraktionen unter freiem Himmel und überdacht anbieten. Ein Teil der Freiluftaktivitäten sollte nach den Vorstellungen der Schülerinnen und Schüler ganz umsonst zugänglich sein. Dafür hatte die Klasse eine Skateranlage im Freien sowie eine große Kletterwand eingeplant.

„Na, ihr seid ja wild entschlossen, einen Freizeitpark in Wildenburg zu errichten! Wie seid ihr darauf gekommen, den Park so einzuteilen?", fragte Robert Schultz interessiert nach.

Pia zeigte auf Frau Bauer: „Am Tag nach dem Ausflug haben wir uns gefragt, was uns der Spaß gekostet hätte, wenn wir nicht als Klasse, sondern einfach an einem Sonntag mit unseren Familien nach Wetterstedt gefahren wären. Frau Bauer hat uns dann die Preisliste gezeigt: Zwei Erwachsene und zwei Kinder müssen glatte 80 Euro Eintritt bezahlen."

Der Bürgermeister nickte: „Verstehe. Für manche Leute einfach zu viel Geld, hm? Gäbe es einen Bereich, der komplett kostenfrei wäre, hätten alle Wildenburger etwas von dem Park, richtig?"

„Genau, Herr Bürgermeister", antwortete Jan. „Wie finden Sie denn nun unsere Idee?"

„Eigentlich ganz gut. Aber bevor ich mehr dazu sage, will ich euch etwas zeigen", erklärte Robert Schultz. Er beugte sich zu seiner Aktentasche hinunter und zog zwei Papierrollen heraus. Der Bürgermeister nickte zwei Schülern zu und stellte mit ihnen drei Tische zusammen. Vor den Augen der Klasse rollte er nun zwei Pläne aus. Aneinandergelegt ergaben sie eine große Übersichtskarte von Wildenburg.

„So, das ist der sogenannte Flächennutzungsplan[1] von Wildenburg. Darin wird gezeigt, was wo gebaut oder gemacht werden darf."

Der Bürgermeister zog einen Laserpointer aus der Innentasche seiner Jacke und erläuterte der Klasse den Plan: „Verschiedene grüne Quadrate kennzeichnen

Park- und Waldflächen, auch die Wiesen für die Landwirtschaft am Rand der Stadt, während auf braunen und grauen Bereichen Gebäude stehen oder errichtet werden dürfen." Mit dem Laserpointer zeigte Schultz auf eine graue Fläche mitten in der Stadt. „Hier war früher einmal eine große Fabrik für Nadeln aller Art. Aber seit fast zehn Jahren wird hier nicht mehr gearbeitet. Ihr wart damals kaum auf der Welt, da haben in Wildenburg über dreihundert Menschen ihren Arbeitsplatz verloren. Seit vielen Jahren passiert auf diesem Gelände gar nichts mehr. Jetzt gibt es aber seit einigen Monaten einen Geschäftsmann, der dort ein Einkaufszentrum errichten will."

Robert Schultz geriet ins Schwärmen: „Stellt euch vor, ein Investor[2] will hier nicht nur Platz für über dreißig verschiedene Geschäfte schaffen. Er plant sogar einen Kinosaal! Wildenburg bekäme endlich ein neues Kino, topmodern natürlich, mit allen Finessen, einem tollen Sound und der Möglichkeit, 3-D-Filme zu schauen." Überwältigt von der eigenen Begeisterung zeichnete der Bürgermeister eine unsichtbare Linie in die Luft. Er schien auf etwas zu zeigen, und in Gedanken sah man ihn schon bei seiner Ansprache zum Richtfest oder gar zur Eröffnung des Einkaufszentrums. Doch als er gerade sagen wollte, dass er damit ein wichtiges Wahlversprechen für Wildenburg einlösen würde, unterbrach ihn Julia.

„Papa, bitte, wir wollten eigentlich nur wissen, ob wir in Wildenburg auch so einen Freizeitpark bekommen können wie in Wetterstedt."

Der Bürgermeister senkte seinen Arm, errötete leicht und nickte. „Ja, schon gut. Dazu solltet ihr noch wissen, dass es hier am nördlichen Rand unserer Stadt noch ein

Gebiet gibt." Robert Schultz zeigte mit seinem Pointer auf ein großes Grundstück am Rand des Plans: „Hier soll eine Trainingsstrecke für den Motorsport entstehen, sehr attraktiv für Besucher und Motorsportfans."

„Für euer Traumvorhaben kommt meiner Meinung nach nur noch dieses Grundstück im Westen in Frage. Darauf könnte ich mir einen Freizeitpark gut vorstellen." Dieses Mal kreiste das rote Licht des Pointers über einem kleinen grünen Quadrat.

„Das ist ja winzig!", rief Falk entsetzt. „Und warum nicht auf der großen Kuhwiese vom Bauern Reimann?", rief Kai in die Klasse. „Wir können doch nicht einfach den Bauern mit seinen Kühen verjagen. Das wäre großes Unrecht. Wir müssen uns auf das beschränken, was nach dem Plan geht." „Den Plan kann man doch ändern?", fragte Falk listig nach.

Bürgermeister Schultz lachte. „Natürlich – trotzdem muss auch bei einer Änderung das private Eigentum respektiert werden; und bis so ein Plan durch alle Instanzen[3] gegangen ist, also bis er geändert ist, dauert es mindestens zehn Jahre – und ob ein Vergnügungspark dabei herauskommt, ist damit noch gar nicht gesagt. Da haben zu viele mitzureden."

Ein enttäuschtes Seufzen ging durch die Klasse. So ein kleines Grundstück für so große Wünsche. Das hatten sich die Jungs und Mädchen anders vorgestellt.

„Das ist doch viel zu klein!", traute sich Mesut die Stimmung in der Klasse zusammenzufassen.

„Ja, da lässt sich noch nicht einmal eine ordentliche Geschicklichkeitsstrecke aufbauen", bestätigte Jan die Meinung. „Ach, wird ja sowieso nix!"

Jetzt war der Bürgermeister enttäuscht. „Ich dachte, ihr freut euch, dass ich eure Idee unterstütze und euch eine Möglichkeit gezeigt habe, wo sich ein solcher Freizeitpark realisieren ließe." Er setzte sich auf eine Tischkante.

„Was denn für eine Möglichkeit?", fragte Pia. „Jan und Mesut haben doch Recht: Auf dem kleinen Grundstück lässt sich doch bestimmt nur ein stinknormaler Spielplatz bauen. Davon haben wir aber schon genug."

„Also gut", lenkte Schultz ein, „ich kann euch ja verstehen. Aber ich bin kein König, der einfach alles bestimmen kann. Ich muss mich auch an Regeln halten. Dazu gehört, dass ich nicht einfach sagen darf, dass das bereits geplante Einkaufszentrum jetzt nicht mehr auf das alte Fabrikgelände darf. Und ich kann auch nicht mal eben befehlen, dass das Land[4] Geld für einen Freizeitpark hergeben soll, wenn es bereits beschlossen hat, es für Sport auszugeben." Etwas hilflos blickte er zur Klassenlehrerin. „Verstehen Sie mich wenigstens?"

Frau Bauer nickte und bat alle, Platz zu nehmen. Doch in dem Moment beendete das schrille Klingeln der Schulglocke die Stunde. Sofort fingen alle an, durcheinander zu reden. Frau Bauer hob die Hand und rief:

„Halt, halt! Bevor ihr in die Pause rennt, verabschieden wir uns noch alle von Bürgermeister Schultz. Ich finde, dass es trotz eurer Enttäuschung sehr nett von ihm war, sich Zeit für uns zu nehmen", sagte sie. Jetzt schauten die Kinder wieder auf die beiden Erwachsenen und riefen im Chor: „Auf Wiedersehen, Bürgermeister Schultz!"

Während die Klasse auf den Schulhof lief, rollte Robert Schultz die Pläne ein und packte seine große Aktentasche. Er war schon halb aus dem Klassenzimmer gegangen, als er sich nochmals zu Frau Bauer umdrehte: „Die Idee zu einem Freizeitpark ist trotzdem gut. Auch wenn es nur ein kleiner werden kann. Ich werde dranbleiben und mich nach einem Investor umsehen. Vielleicht haben die Kinder sogar die Chance, ihre Ideen vorzutragen. Könnten Sie das der Klasse noch sagen."

„Klar, mach ich gerne. Auf Wiedersehen, Herr Schultz."

Frühstück beim Bürgermeister

Julia lebte mit ihrem Vater und ihrer Großmutter in einem Fachwerkhaus mitten in Wildenburgs historischer Altstadt. Das Haus ging über zwei Stockwerke, war aber schmal und hatte recht niedrige Decken. Immer wenn Robert Schultz ein Zimmer betrat, musste er an der Zimmertür den Kopf leicht einziehen.

Julias Mutter war gestorben, als ihr Kind vier Jahre alt war. Seither lebten Julia, ihr Vater und dessen Mutter in einer „Drei-Generationen-Wohngemeinschaft", wie der Bürgermeister das nannte.

Der Tag nach seinem Besuch in Julias Klasse war ein Feiertag. In der Küche mit Kachelofen hatte der Bürgermeister das Frühstück für sich, seine Tochter und seine Mutter vorbereitet. Das machte er immer an Sonn- und Feiertagen. Es sollte ein Ausgleich dafür sein, dass er während der Woche oft schon vor dem Frühstück ins Rathaus fuhr oder abends erst sehr spät nach Hause kam.

Während er nun den Tisch deckte, bereitete er sich innerlich auf ein klärendes Gespräch mit Julia vor. Als er tags zuvor wieder einmal spät heimgekommen war, hatte ihn seine Mutter noch abgefangen. „Was war denn los heute?", hatte sie ihn gefragt. „Julia war richtig wütend. Du hättest sie vor der ganzen Klasse blamiert."

Der Bürgermeister ahnte, dass Julia und ihre Klasse überhaupt nicht zufrieden waren mit seinem Vorschlag, einen Freizeitpark auf dem kleinen Grundstück am westlichen Ende von Wildenburg erbauen zu lassen. Und seine Tochter musste sich richtig blöd vorgekommen sein. Er konnte es sich vorstellen. Aber ... „So ein Mist!", in letzter Sekunde rettete Robert Schultz die Milch vor dem Überlaufen.

‚Die Kinder haben ja gar keine Vorstellung, was schon ein kleiner Park für ein Kraftakt wird', dachte er, während er die heiße Milch in eine hohe, aber schmale Plastikkanne goss, um sie danach mit einem flachen Sieb an einem langen Griff schaumig zu schlagen. Dann holte er Kakaopulver aus dem Küchenschrank, gab zwei Teelöffel davon in eine große Keramiktasse mit einer roten Blume und blauer Namensaufschrift „Julia", schüttete die aufgeschäumte Milch darüber, rührte einmal leicht um und streute zum Schluss etwas Zimt über den Schaum.

Er stellte die Tasse auf Julias Platz und wollte gerade in den Flur gehen, um Tochter und Mutter zum Frühstück zu rufen, als ihm Julia entgegenkam.

Betont lässig setzte sich die Zehnjährige auf ihren Platz und nahm gleich die Tasse mit dem Kakao in die Hand. Sie nickte anerkennend zum Vater hinüber: „Der Kakao sieht heute ja besonders gut aus.

Willst du mich freundlich stimmen?" Julias Stimme klang spöttisch.

Der Bürgermeister zuckte nur mit den Schultern, ging hinaus in den Flur und rief seine Mutter zum Frühstück. Dann setzte er sich an den Tisch, nahm ein Brötchen aus dem Korb und goss sich Kaffee ein. Er blickte Julia ernst ins Gesicht.

„Du willst mich nicht verstehen, oder? Ich kann keine großen Grundstücke zaubern. Ich muss versuchen, die Wünsche und Bedürfnisse von allen Wildenburgern unter einen Hut zu bekommen. Die einen wollen neue Arbeitsplätze, die anderen ein Kino, wieder andere hätten gerne bessere Einkaufsmöglichkeiten, und dann kommt ihr noch und verlangt nach einem Freizeitpark, der auf gar keinen Fall hinter dem von Wetterstedt zurückstehen darf. Ach ja, dann muss ich schon einmal die in den Blick nehmen, die sich über den wachsenden Verkehr wegen des Einkaufszentrums beschweren. Ganz zu schweigen von denen, die sich jetzt schon über drohenden Lärm an der Trainingsrennstrecke beklagen und Lärmschutzwände verlangen. Irgendwie haben alle recht. Aber wie soll ich allem gerecht werden? Irgendwo müssen doch auch einmal Kompromisse[5] möglich sein", meinte der Vater verärgert.

Mit einer etwas zu heftigen Handbewegung griff Julias Vater nach der Butterdose und stieß dabei gegen seine Kaffeetasse. Der noch dampfende schwarze Kaffee schwappte aus der Tasse. Wütend stemmte Robert Schultz beide Hände auf den Tischrand um aufzustehen, als seine Mutter ihm auch schon ein Küchentuch reichte. „Nimm das hier und beruhige dich erst einmal!", forderte sie ihren Sohn auf und setzte sich an ihren Platz.

Krampfhaft unterdrückte Julia ein lautes Lachen. Der Vater sah komisch aus, wenn er wütend war, und blamiert hatte er sich auch noch. Wie ein kleiner Junge, der bei etwas Verbotenem ertappt worden war, wischte er den Kaffee vom Tisch. Laut sagte Julia: „Klar, kann es Kompromisse geben. Aber warum immer auf Kosten unserer Ideen? Warum ist denn nicht deine Partei[6] auf die Idee gekommen, einen Freizeitpark zu bauen? Bei den ganzen Plänen, von denen du gestern in der Klasse erzählt hast, kommen Kinder doch gar nicht vor. Darauf mussten wir dich erst bringen. Ist doch klar, dass uns das kleine Grundstück nicht ausreicht."

„Patsch, das hat gesessen!" Julias Oma mischte sich in das Gespräch ein. „Mir scheint, du hast Erklärungsnot, Robert."

Der Bürgermeister biss in sein Brötchen und kaute eine ganze Weile schweigend vor sich hin. Dann nahm er einen Schluck Kaffee, bevor er sich an seine Tochter wandte: „Deine Oma hat Recht. Ich verleihe dir hiermit den Ehrentitel ‚Kleine Bürgermeisterin' und wir arbeiten zusammen. Ich will eure Idee unterstützen. Gleich morgen werde ich meine Mitarbeiter von der Wirtschaftsförderung fragen, wen man für einen solchen Park gewinnen könnte. Aber wenn keine Geldgeber gefunden werden können, dann wird es wohl bei einer kleinen Geschichte bleiben müssen – und selbst ein kleiner Park wäre ohne Partner nur schwer zu realisieren. Ich verspreche dir aber, dass ihr bei den Planungen mitreden dürft. Einverstanden?"

Julia seufzte: „Wirklich viel habe ich ja jetzt nicht erreicht. Aber mir bleibt ja keine andere Wahl. In meiner Klasse waren die meisten gestern übrigens der Meinung, dass es besser ist, einen kleinen Park in Wildenburg zu haben als gar keinen."

Der Vater lachte. „Das freut mich!" Er nahm noch ein Brötchen. Dann klingelte das Telefon. Robert Schultz ging an den Apparat.

Gut gelaunt kehrte er an den Küchentisch zurück. „Das war Britta Klein. Wir haben uns für heute Nachmittag zum Joggen verabredet. Hast du Lust, uns auf dem Fahrrad zu begleiten, Julia?"

Julia nickte. Das Frühstück war beendet. Sie begann mit dem Abdecken des Tisches.

Joggen mit dem Bürgermeister

Auf ihren Fahrrädern machten sich Julia und Robert Schultz nachmittags auf den Weg in den Wildpark am See. Auf dem Parkplatz wartete schon Britta Klein, eine frühere Schulfreundin des Bürgermeisters. Seit einiger Zeit trafen die beiden sich regelmäßig zum Joggen und unterhielten sich dabei über ihre Arbeit. Die Polizistin erfuhr Neues aus der Stadt und der Bürgermeister lernte die Polizeiarbeit kennen.

Gleich nach der Begrüßung liefen die Erwachsenen los. Julia fuhr auf ihrem Fahrrad vorneweg. Die ersten bunten Blätter waren schon auf den Boden gefallen, aber die Sonne schien noch warm.

„Einfach bestes Wetter, um etwas Sport zu treiben", kommentierte der Bürgermeister.

„Ja!", stimmte Britta Klein ein. „Sag mal, ich las in der Zeitung, dass es jetzt langsam ernst wird mit dem Einkaufszentrum auf dem alten Fabrikgelände."

„Ja, das ist richtig. In der nächsten Ratssitzung werden wir eine Änderung des Bebauungsplanes[7] beschließen. Dann kommt es zur Bürgerbeteiligung[8] und später noch ..."

„Wie? Gibt es eine Volksabstimmung?", fragte die Polizistin, schon leicht keuchend, nach.

„Nein, natürlich nicht. Bürgerbeteiligung bedeutet, dass die Pläne im Rathaus offengelegt werden müssen. Die Bürger von Wildenburg können dann innerhalb einer Frist von einem Monat Einsprüche einreichen. Die müssen wir in der Verwaltung sammeln, aufbereiten und bewerten. Entweder folgen wir den Einwänden und machen entsprechende Umsetzungsvorschläge oder wir lehnen sie begründet ab. Am Ende muss dann der Stadtrat erneut abstimmen. In etwa sieben oder acht Monaten ist das Verfahren wahrscheinlich abgeschlossen. Dann kann der Bauherr sein Vorhaben umsetzen."

„Ach so, das ist ja gut." Die Freundin des Bürgermeisters konnte ein erleichtertes Seufzen nicht unterdrücken, weshalb Robert Schultz sie stutzig von der Seite anschaute.

„Du klingst so erleichtert. Hast du Vorbehalte gegen die Pläne?"

„Äh, nö, eigentlich nicht", Britta Klein schaute jetzt krampfhaft auf den Weg.

Sie bogen rechts in einen schmaleren Waldweg ein. Der Bürgermeister ließ seiner Laufpartnerin den Vortritt und rief ihr von hinten zu: „Britta, ehrlich gesagt, ich glaube dir nicht. Wenn dir etwas an meiner Politik nicht gefällt, kannst du das offen aussprechen."

Inzwischen waren sie bis zum Wildgehege gekommen, wo Julia schon die Rehe beobachtete. Mit einem Handzeichen deutete Britta Klein die weitere Richtung an. Sie und der Bürgermeister wollten links am Gelände vorbeilaufen. Robert Schultz winkte seiner Tochter zu, ihnen zu folgen.

„Ich komme gleich nach", rief Julia hinterher.

Der Weg war an dieser Stelle wieder breiter und das Laufteam trabte wieder nebeneinander her. „Also gut", nahm Britta Klein den Gesprächsfaden wieder auf. „Es stimmt zwar nicht, dass ich etwas gegen ein Einkaufszentrum habe. Aber es ist auch richtig, dass ich dennoch Bedenken habe."

„Und die wären?", fragte Robert Schultz ungeduldig. „Komm, mach's nicht so spannend."

Mit ernster Miene blickte die Polizeibeamtin zum Bürgermeister und antwortete: „Robert, was ich dir jetzt erzähle, ist wirklich kein Spaß. Und eigentlich darfst du nichts davon erfahren. Ich komme in Teufels Küche, wenn herauskommt, dass ich Ermittlungsgeheimnisse weitergebe. Aber ich finde, dass du das hier wissen solltest: Gegen den Investor Josef Meyer liegt eine anonyme Anzeige wegen Subventionsbetrug[9] und Steuerhinterziehung[10] vor. Die Staatsanwaltschaft[11] nimmt die Anzeige sehr ernst, und unser Dezernat für Wirtschaftskriminalität hat bereits einige schwerwiegende Indizien zusammengetragen."

„Das ist ja der Hammer!", rief Bürgermeister Schultz laut aus. Abrupt blieb er stehen.

„Aua!" Wegen der unerwarteten Unterbrechung des Laufes hatte Julia nicht mehr bremsen können und war ihrem Vater mit dem Vorderreifen ihres Fahrrades in die Hacken gefahren. Unbemerkt von beiden Erwachsenen war sie in der Zwischenzeit herangefahren und hatte die Geschichte der Kommissarin mitbekommen.

Mit bester Unschuldsmiene sagte sie: „'tschuldigung. Bist so plötzlich stehen geblieben, dass ich ..."

„Schon gut", beschwichtigte ihr Vater und zu Britta Klein gewandt: „Bist du sicher, dass es sich um ein und dieselbe Person handelt?" Nicken. „So ein Schweinehund, der will bestimmt auch städtische Gelder von uns abzocken." Wütend trat er gegen einen Tannenzapfen.

„Komm, lass uns weiterlaufen", schlug Britta Klein vor. „Noch ist nichts bewiesen. Und selbst wenn, ist nicht gesagt, dass er hier schon wieder betrügen will." Und an Julia gewandt fragte sie etwas beunruhigt: „Hast du mitbekommen, worüber wir gesprochen haben, junge Frau?"

Julia schüttelte den Kopf. „Nö, nur Papas Geschimpfe. Treffen wir uns am Parkplatz?" Sie trat kräftig in die Pedale und fuhr davon.

Als Julia abends ins Bett wollte, rief ihr Vater sie noch zu sich. Die ganze Zeit seit der Rückkehr aus dem Wildpark hatte er in seinem Zimmer verbracht und gearbeitet. Das war nichts Besonderes. Der Bürgermeister arbeitete häufig zu Hause. Er las Akten[12] oder Zeitungen und beantwortete E-Mails. Julia kannte das schon. Doch bevor sie einschlief, kam er immer zu ihr ans Bett. Jetzt sollte sie in sein Zimmer kommen.

Julias Neugier war geweckt! Sie ließ sich nicht zweimal bitten, sondern ging rasch in das Zimmer des Vaters. Der saß immer noch am Schreibtisch und klickte gerade mit dem Mauszeiger auf das Zeichen „Ausschalten" am Computerbildschirm. Dann drehte er sich auf seinem Schreibtischstuhl um und winkte Julia zu sich auf den Schoß.

„So, meine liebe Julia, jetzt sei mal ehrlich. Heute Nachmittag, da hast du doch gehört, was Britta mir erzählt hat, oder?" Der Vater schaute sie halb ernst und halb belustigt an.

Julia nickte: „Ja, ich hab gehört, dass der Mann, der das Einkaufszentrum bauen will, ein Betrüger ist."

„Sein könnte, meine liebe Tochter, sein könnte. Es gibt einen Verdacht, aber noch keinen Beweis", stellte der Vater richtig. „Das musst du unbedingt unterscheiden. Und noch etwas: Du musst mir ganz, ganz fest versprechen, dass du niemandem etwas darüber erzählst. Klar?"

„Klar, Papa. Auf mich kannst du dich verlassen", entgegnete Julia nicht ohne Stolz.

„Gut. Jetzt aber noch etwas anderes: Du wünschst dir doch ein Handy, nicht wahr? Ich denke, dass die Zeit jetzt reif ist ..."

„Papa!" Mit dieser Überraschung zu später Stunde hatte Julia nicht gerechnet. „Das ist ja super!"

„Ja, aber dafür musst du auch etwas für mich tun." Der Vater tat ganz geheimnisvoll. „Kommen wir also zum anderen Teil des Geschäfts." Robert Schultz hob Julia hoch und wechselte vom Schreibtischstuhl auf eine kleine Couch. Vater und Tochter unterhielten sich noch eine ganze Weile. Erst als es schon fast 21:30 Uhr war, beendete der Bürgermeister das Gespräch.

„Sehr schön, dann besorge ich die Besucherkarten für dich und ein paar andere Kinder aus deiner Klasse und ihr besucht die nächste Ratssitzung."

„Ja, prima. Das wird bestimmt gut! Bringst du mich noch ins Bett?"

„Na klar!"

Der Stadtrat tagt

Zwei Wochen später war es endlich soweit. An diesem Donnerstag würde der Stadtrat von Wildenburg zusammenkommen. Ganz wie versprochen hatte der Bürgermeister seine Tochter mit ein paar Karten für die Zuschauertribüne im Ratssaal ausgestattet.

Gleich nach dem Mittagessen in der Mensa der Offenen Ganztagsschule waren Julia, Pia und Mesut in den Klassenraum zurückgekehrt. Dort erledigten sie schnell ihre Hausaufgaben. Um halb vier wollten die drei losgehen. Auf gar keinen Fall durften sie zu spät im Rathaus sein.

„So, fertig!", rief Pia in die Runde. „Wie sieht es bei euch aus?" „Moment, ich muss noch die Antwort für die letzte Textaufgabe schreiben." Mesut schrieb schnell einen Satz in sein Matheheft. „So, von mir aus kann es losgehen." Er raffte Heft, Buch und Mäppchen zusammen und packte alles in seinen Ranzen. „Was ist mit dir, Julia?"

„Hm, ja." Sie kramte in ihrer Tasche. „Ah, da sind die Karten ja. Ok, wir können los."

Die drei machten sich auf den Weg. Es war nicht weit zum Rathaus. Um 16 Uhr würde die Ratssitzung beginnen. Am Eingang holte Julia die drei hellblauen Eintrittskarten aus ihrem Rucksack.

„Ist schon gut." Ein freundlicher grauhaariger Mann mit einem kleinen Bierbauch kam auf die drei Besucher zu. „Hallo Julia. Du kommst heute zur Ratssitzung, nicht wahr?"

Vor Julia, Pia und Mesut stand in einer dunkelblauen Uniform der Rathauspförtner, Herr Schmitz. Julia nickte und fragte: „Ist mein Vater schon da?"

Herr Schmitz schüttelte den Kopf. „Ich habe ihn noch nicht gesehen. Er ist bestimmt noch oben in seinem Amtszimmer. Kommt! Ich bringe euch zu den Zuhörerrängen."

Sie folgten Herrn Schmitz durch die Eingangshalle des Rathauses zu einer Treppe. Am Ende der Stufen ging es durch eine dunkle, schwere Holztür zur Tribüne des Ratssaales. Während die jungen Gäste ihre Plätze suchten, betraten unten immer mehr Menschen den Saal. Es waren die gewählten Mitglieder des Stadtrates von Wildenburg.

„Es sind achtunddreißig", raunte Julia Pia und Mesut zu, „sieht so aus, als würde nur noch mein Vater fehlen."

Die Ratsmitglieder suchten unten im Ratssaal ihre Plätze auf. „Dreizehn Mitglieder gehören der schwarzen Partei an, zwölf sind für die rote Partei im Stadtrat. Außerdem gibt es fünf Ratsmitglieder der grünen Partei und sechs der gelben Partei. Zwei Ratsmitglieder gehören keiner Partei[6] an. Sie sind als sogenannte Einzelkandidaten gewählt worden", erklärte Julia ihren Freunden mit wichtigem Gesicht.

„Komisch – die Farben sieht man denen gar nicht an", grinste Mesut.

Die Gäste aus der Marktschule saßen in der ersten Reihe der Zuschauertribüne. Julia beugte sich vor und schaute auf die vielen Köpfe unter ihr. Einer davon war völlig kahl. Julia malte sich aus, was passieren würde, wenn der Kaugummi aus ihrem Mund mitten auf diese Glatze fiele. Sie kam in ihrer Fantasie nicht weit, denn in dem Augenblick stieß Pia sie kräftig in die Seite und zeigte auf den Glatzkopf: „Hey, den kenn ich, der wohnt in der gleichen Straße wie meine Oma."

Auch Mesut blickte interessiert auf die Ratsfrauen und Ratsherren: „Ist ja cool. Da unten sitzt ja auch Herr Baumann."

Die Mädchen folgten seinen Blicken. „Wer ist Herr Baumann?", wollte Julia wissen.

„Na der Typ, dem der Kiosk neben unserer Schule gehört", antwortete Mesut.

„Stimmt!" Jetzt erkannten auch die Schülerinnen den Kioskbesitzer.

Die drei schauten sich weiter um und erkannten noch ein paar Gesichter von Leuten, die ihnen schon mal begegnet waren. Pia staunte: „Ich hätte nicht gedacht, dass ich auch nur einen hier aus dem Rathaus kenne."

Ein Gong ertönte. Das war das Zeichen für die Anwesenden, nun Platz zu nehmen. „Wie in der Schule", dachte Julia und sah zur großen Doppeltür des Ratssaales.

Fast alle Stühle im Ratssaal waren inzwischen besetzt. Sämtliche Ratsmitglieder hatten ihre Plätze eingenommen. Gegenüber den Ratsherren und Ratsfrauen saßen vier weitere Personen: An einem kleinen Tisch saßen zwei Männer, das waren die Protokollführer. Dahinter – auf einem Podest – ein großer Mann und eine fast genauso große Frau. Dazwischen war ein Stuhl frei, der war für den Bürgermeister, das sah man an der hohen Lehne.

„Ich glaube, dass das die Beigeordneten[13] sind", sagte Julia. „Mein Vater hat gesagt, dass das die Minister in der Stadt sind. Der Mann ist für die Finanzen, für den Verkehr und das Bauen zuständig. Die Frau ist die Chefin der Schulen, Kindergärten und all dieser Dinge."

„Ist der Mann verantwortlich für den Bau des Einkaufszentrums und des Parks?", fragte Pia.

„Glaube schon. Was ist denn jetzt los?"

Eine junge Frau war in den Ratssaal gekommen und lief schnellen Schrittes auf die Beigeordneten zu. Julia erkannte Miriam Mühlen, die Sekretärin ihres Vaters. Aufgeregt redete Miriam Mühlen auf die zwei Beamten ein. Ihre Gesichter wurden plötzlich sehr ernst. Die Beigeordnete für Schulen stand auf und winkte mehrere Personen aus der ersten Reihe der Ratsmitglieder heran. Das Getuschel ging in größerer Runde weiter. Inzwischen redeten immer mehr Leute im Ratssaal. Die Unruhe war groß – bis schließlich eine schmächtige ältere Frau an das Redepult herantrat.

„Weißt du auch, wer das ist?" Pia und Mesut schauten gespannt auf das Geschehen.

Julia nickte: „Das ist die stellvertretende Bürgermeisterin. Sie springt immer ein, wenn mein Vater mal nicht zu einem Termin kann."

Es wurde ruhiger im Saal. Ein rotes Lämpchen zeigte an, dass das Mikrofon eingeschaltet war: „Meine Damen und Herren, ich muss Ihnen mitteilen, dass Bürgermeister Schultz nicht anwesend ist. Frau Mühlen teilte uns eben mit, dass er um 12 Uhr das Rathaus verlassen hat und seither nicht mehr zurückgekehrt ist. Nach der Geschäftsordnung des Rates habe ich als stellvertretende Bürgermeisterin nun die Verpflichtung, die heutige Sitzung des Rates zu leiten. Vermutlich wird Herr Schultz bald hier sein. Wenn nicht, dann ... nun, es wird ja bereits nach ihm gesucht."

„Das ist ja der Hammer – dein Vater ist gar nicht ...", wandte sich Pia zu Julia, doch die saß nicht mehr auf ihrem Platz.

Sie konnte gerade noch erkennen, dass die Tür zufiel, durch die sie vorhin gekommen waren. Jetzt stand auch Pia auf, zog Mesut am Ärmel und lief ihrer Klassenkameradin hinterher.

Vor der Tür hatte Julia zu ihrem neuen Handy gegriffen. Schnell tippte sie eine SMS und gab gerade den Sendebefehl, als die beiden anderen ihr auch schon über die Schulter schauten.

„Meinst Du nicht, dass die schon längst versucht haben, deinen Vater anzurufen?", fragte Pia unsicher. Julia nickte. „Aber, aber ... vielleicht hat er einfach nicht angenommen", stotterte Julia. „Deswegen habe ich ihm eine Nachricht geschickt."
„Hat er geantwortet?", wollte Mesut wissen. Julia schüttelte den Kopf. „Nein, noch nicht. Lasst uns wieder reingehen."

Gerade als sich die drei auf ihre Plätze setzten, sagte die stellvertretende Bürgermeisterin Christine Katzmann: „Dann kommen wir jetzt zur Abstimmung über die Ergänzung der Tagesordnung. Wer für die Aufnahme des Punktes ist, der von der Roten Fraktion[6] vorgeschlagen wird, den bitte ich um das Handzeichen." Auf das Kommando hatten neunzehn Hände nur gewartet. Sie flogen gleichzeitig in die Luft wie ein aufgeschreckter Vogelschwarm. „Danke. Dafür stimmen die Rote und die Grüne Fraktion sowie die Einzelvertreter Herr Müller und Herr Wegener. Wer ist gegen den Antrag?" Wieder gingen neunzehn Hände hoch, aber sie gehörten den Ratsmitgliedern der Schwarzen und Gelben Fraktion an. Auch Christine Katzmann stimmte mit Nein. „Enthaltungen? Keine. Damit ist der Antrag bei Stimmengleichheit nicht angenommen."

Pia und Julia schauten sich ratlos an. Mesut gähnte. „Das ist so langweilig hier", meinte er.

„Hast recht, aber die Erwachsenen da unten regen sich gerade ganz schön auf." Julia blickte über die Brüstung hinunter zu den Ratsmitgliedern.

Der Mann mit der Glatze war aufgestanden und rief mit hochrotem Kopf: „So kann das nicht funktionieren. Haben wir jetzt Stillstand, weil der Bürgermeister fehlt? Das kann doch wohl nicht wahr sein!"

Mit ruhiger Stimme bat Christine Katzmann den Mann, sich wieder zu setzen. „Das sind nun einmal unsere demokratischen Spielregeln. Bei Stimmengleichheit gilt der Antrag als abgelehnt, Herr Kollege Weinheim."

„Aber der Bürgermeister hat sich doch vor wenigen Tagen öffentlich dafür ausgesprochen, diesen Punkt schon heute in der Ratssitzung zu behandeln. Das können Sie nicht einfach ignorieren."

„Mag sein, aber er ist leider nicht anwesend und kann daher nicht bei der Entscheidung mitwirken. Ich muss um Ihr Verständnis bitten." Die Stellvertreterin des Bürgermeisters war sichtlich angespannt. Mehrfach hintereinander fuhr sie sich durchs Haar, während sie mit der anderen Hand Papiere auf dem Tisch sortierte.

Der erste Tagesordnungspunkt wurde aufgerufen. Es ging um die Aufstellung einiger neuer Ampeln. Alle Mitglieder des Rates stimmten dafür. Streit gab es erst wieder, als ein Vorschlag der Verwaltung zur Unterstützung einer Trainingsrennstrecke am Rand von Wildenburg beraten wurde. Die Stadt Wildenburg sollte nicht nur den Plan genehmigen, sondern auch dreißig Prozent der Kosten für eine Zuschauertribüne übernehmen.

„Ist das die Strecke, von der dein Vater gesprochen hat, als er bei uns in der Klasse war?", fragte Mesut. Julia nickte. Dann zog sie unauffällig ihr Handy aus der Tasche. Schnell schaute sie nach, ob eine Antwort auf ihre SMS gekommen war. Das Display blinkte auf. Julia rief die Nachricht auf und erblickte ein lächelndes Smiley. Sonst nichts. Schnell steckte sie das Handy zurück in die Hosentasche und wandte sich wieder der Ratssitzung zu.

Dieses Mal sprach die Schwarze Fraktion für den Vorschlag und die Redner der Roten und der Grünen Fraktion dagegen.

„Selbst eine Trainingsstrecke wird Sportinteressierte anziehen und Wildenburg eine höhere Zahl an Touristen bescheren. Das zeigen alle Erfahrungen aus anderen Städten. Diese Mehreinnahmen machen unsere Investition schnell wett. Da bin ich ganz sicher. Deswegen bitten wir um Ihre Zustimmung." Der Vertreter der Schwarzen Fraktion raffte seine Blätter vom Redepult zusammen und ging an seinen Platz zurück.

Jetzt stand eine junge Frau auf. Sie gehörte zur Roten Fraktion und widersprach ihrem Vorredner. Es könne nicht Aufgabe einer Stadt sein, Steuergelder für den Profisport auszugeben. Es fänden sich ausreichend Geldgeber für den Motorsport. „Daher lehnen wir Ihren Antrag ab. Was nicht heißt, dass wir auch die Baugenehmigung verweigern." Applaus kam von der linken Seite im Stadtrat auf. Die Frau setzte sich wieder.

Die stellvertretende Bürgermeisterin ließ abstimmen. Wieder waren neunzehn Ratsmitglieder für den Antrag und neunzehn dagegen. „Damit ist auch dieser Antrag abgelehnt", stellte Christine Katzmann fest.

Die Unruhe kehrte wieder. Mehrere Politiker aus der ersten Reihe standen auf und gingen zum Podest, an dem die Stellvertreterin des Bürgermeisters saß. Wild gestikulierend sprachen die Politiker auf die Bürgermeisterin und die Beigeordneten ein. Christine Katzmann ging ans Mikrofon und sagte: „Liebe Kolleginnen und Kollegen, die Sitzung des Rates ist unterbrochen. Wir treffen uns in fünfzehn Minuten hier wieder."

Auf der Besucherempore beobachteten Julia, Mesut und Pia das Geschehen mit zunehmender Spannung. „Was hat das denn jetzt schon wieder zu bedeuten?", fragte Pia. Julia hielt ihr das Blatt mit der Tagesordnung vor die Nase. „Schau mal: Der nächste Punkt hat mit dem Einkaufszentrum zu tun." Pia und Mesut schauten sich fragend an.

„Na, wisst ihr nicht mehr. Das alte Fabrikgelände, auf dem das große Einkaufszentrum gebaut werden soll. Papa war doch so begeistert davon, erinnert ihr euch?"

Mesut nickte. Er schaute die Mädchen an und lachte plötzlich laut auf.

„Was ist denn mit dir los?", fragte Pia.

„Ich stelle mir gerade vor, dass es gar kein Einkaufszentrum geben wird."

„Und warum sollte es das nicht geben?", wollten die Mädchen wissen.

„Na ja, wenn es da unten wieder neunzehn zu neunzehn ausgeht bei der Abstimmung, dann heißt das doch, dass etwas wieder abgelehnt ist", erklärte er.

„Stimmt", antwortete Pia nachdenklich. „Immer wenn es Stimmengleichheit gibt, wird ein Antrag abgelehnt! Das ist doch super! Dann können wir deinen Papa ja vielleicht noch überreden, den Freizeitpark auf dem Fabrikgelände bauen zu lassen." Erfreut schaute sie zu Julia.

„Glaub ich kaum. Mein Vater war immer dafür, das Grundstück umzuwidmen[14]. Er wollte sogar gegen seine eigene Partei stimmen." Julia schaute skeptisch in den Ratssaal, der sich wieder füllte.

Christine Katzmann trat an das Redepult und räusperte sich.

„Meine Damen und Herren, die Sitzung wird nun fortgesetzt. Nach Absprache mit allen Fraktionsvorsitzenden werden alle strittigen Punkte, die heute auf der Tagesordnung stehen, in die nächste Sitzung verschoben. Da alles, was heute durch Stimmengleichheit abgelehnt wird, frühestens in drei Monaten wieder auf die Tagesordnung gesetzt werden kann, scheint dieses Verfahren das verantwortungsvollste. Alle sind sich einig, dass wichtige Investitionen, die Bürgermeister Schultz eindeutig befürwortet hat, nicht unnötig aufgeschoben werden sollen. Damit verschieben wir heute allerdings die Entscheidung zur Umwidmung[14] des alten Industriegeländes an der Äußeren Ringstraße.

Und ich rufe nun den nächsten Tagesordnungspunkt auf."

Die Kinder schauten sich ratlos an.

„So ein Mist!", schimpfte Mesut vor sich hin. „Dann können die ja beim nächsten Mal das Einkaufszentrum doch noch beschließen."

„So ein Mist!", rief hinter ihnen ein etwas übergewichtiger Mann in braunem Anzug mit gelber Krawatte. Er war aufgesprungen und rief aufgeregt in den Ratssaal hinunter: „Das habe ich noch nie erlebt, dass eine Stadt große Investitionen aufhält!" Die stellvertretende Bürgermeisterin Katzmann schaute auf die Besucherempore und mahnte: „Ich bitte Sie, von Missfallensäußerungen abzusehen, sonst muss ich Sie des Saales verweisen." „Des Saales verweisen – ist das richtiges Deutsch?", kicherte Mesut. „Ja, Beamtendeutsch!", entgegnete Pia.

„Ich gehe sowieso!", rief der Mann noch lauter und drehte sich um.

„Na immerhin", brummte Julia. Sie glaubte in dem Mann den Geschäftsmann Josef Meyer erkannt zu haben. Derjenige, der das große Einkaufszentrum bauen wollte.

„Lasst uns gehen", wandte Julia sich an ihre Klassenkameraden, „heute passiert hier nichts Spannendes mehr."

Vor dem Rathaus blieben die drei noch kurz stehen und berieten, was sie am kommenden Tag dem Rest der Klasse erzählen sollten.

„Eigentlich ist ja nichts passiert", meinte Mesut. „Weder für die Trainingsstrecke für Rennautos noch für das Einkaufszentrum haben die Ratsleute gestimmt. Ist ja immer alles abgelehnt worden."

„Versuch doch nochmal deinen Vater zu erreichen", forderte Pia Julia auf.

Die zückte ihr Handy und schüttelte schon bald darauf den Kopf. „Nur seine Mailbox geht an."

„Meinst du, ihm ist etwas passiert?" Pia schaute plötzlich etwas besorgt aus.

Julia zögerte, doch dann antwortete sie: „Nö, glaub ich nicht. Er wird schon ... Ach was, ich gehe jetzt nach Hause. Bis morgen." Sie winkte Pia und Mesut noch zu und lief rechts am Rathaus vorbei in Richtung Altstadt.

Etwas verdattert blieben die beiden zurück. „Sie scheint sich ja keine Sorgen zu machen", meinte Pia kopfschüttelnd. Mesut zuckte mit den Schultern und verabschiedete sich auch.

Wo ist der Bürgermeister?

Vor ihrer Haustür kramte Julia gerade ihren Schlüssel aus der Schultasche, als sie Schritte hörte. Ein junger Mann mit Fotoapparat kam auf sie zu gelaufen.

„Bist du Julia Schultz, die Tochter des Bürgermeisters?", fragte er. „Ich arbeite für die ‚Wildenburger Nachrichten'. Weißt du, wo dein Vater ist?"

Julia schüttelte den Kopf. Es blitzte. Der Journalist hatte gar keine Antwort abgewartet und gleich auf den Auslöser gedrückt. Julia fühlte sich überrumpelt und wollte protestieren, als sie schon mit einem kräftigen Ruck ins Haus gezogen wurde.

Gleich darauf steckte ihre Oma noch einmal den Kopf durch die Tür und rief dem Journalisten zu: „Lassen Sie uns in Ruhe. Und beachten Sie bitte, dass Fotos von Minderjährigen nur mit

Erlaubnis der Erziehungsberechtigten veröffentlicht werden dürfen. Da mein Sohn momentan nicht erreichbar ist, werden Sie mich fragen müssen. Und ich sage Ihnen gleich: Ich erlaube es nicht!" Peng! Mit einem lauten Knall fiel die Haustür ins Schloss.

„Man wird ja noch fragen dürfen, ob wenigstens die Familie weiß, wo der Bürgermeister von Wildenburg ist", hörte man den Journalisten schimpfen.

„Nein. Darf man nicht. Jetzt nicht." Julias Oma ließ sich leise murmelnd auf die kleine Bank in der Diele fallen und schlug seufzend die Hände vor das Gesicht.

„Du weißt also auch schon, dass Papa nicht bei der Ratssitzung ist", sagte Julia. Die alte Frau nickte.

„Ich verfolge doch immer Radio Wildenburg, wenn Ratssitzung ist", sagte sie. „Und seit vier Uhr erzählen die nichts anderes als das. Der Bürgermeister erscheint nicht zur Ratssitzung! Wichtige Entscheidungen scheitern am Patt[15] im Rat! Investition verschoben, weil der Bürgermeister fehlt! Und und und ..." Sie seufzte und fragte leise: „Wo kann er nur sein?"

Julia nahm ihre Schultasche und ging in die Küche.

„Ach, Papa ist bestimmt nicht weit weg, und bestimmt ist er bald wieder hier." Sie folgte der Großmutter in die Küche und setzte sich auf die Bank. An der gegenüberliegenden Wand hing ein Fotokalender. Den hatte sie selber gemacht und ihrem Vater zu Weihnachten geschenkt. Sie legte einen Arm um ihre Oma und fragte: „Machst du dir Sorgen?"

Oma nickte: „Klar! Du nicht? Dein Vater hat doch schon als normales Ratsmitglied nie eine Sitzung versäumt. Er ist sogar mit starken Erkältungen ins Rathaus gegangen. Und jetzt das – das ist doch merkwürdig."

„Ja, merkwürdig schon, aber ich glaube nicht, dass ihm etwas Schlimmes passiert ist." Julia sprang von der Küchenbank auf.

„Tüdeldidüü. Tüdeldidüü." Das Klingeln des Telefons unterbrach das Gespräch.

„Julia Schultz", meldete sie sich.

„Hier Britta Klein. Bist du es, Julia?"

„Ja. Wissen Sie, wo mein Vater ist?"

„Leider nicht. Aber ich dachte, dass du vielleicht etwas weißt."

„Heißt das, dass Sie nach meinem Vater suchen?"

„Na ja, es liegt uns keine Vermisstenanzeige vor. Dein Vater ist ein erwachsener Mann. Im Prinzip darf er hingehen, wohin er will, ohne irgendwen in seine Pläne einzuweihen. Andererseits ist er eben der Bürgermeister von Wildenburg. Ausgerechnet zur Ratssitzung erscheint er nicht. Das ist schon merkwürdig. Außerdem passt es so gar nicht zu dem zuverlässigen Charakter deines Vaters."

„Glauben Sie, dass ihm etwas passiert sein könnte?" Julias Stimme klang etwas unsicher.

„Ich glaube gar nichts. Aber ich will auch nicht einfach abwarten. Darf ich euch besuchen?"

„Ja, selbstverständlich." Oma hatte Julia den Hörer aus der Hand genommen und geantwortet. „Wir sind zu Hause."

Sie hatte kaum aufgelegt, als es auch schon wieder klingelte. „Schultz", meldete sich die alte Dame.

„Böhmer, Radio Wildenburg. Haben Sie Nachrichten von Ihrem Sohn? Unsere Hörer würde auch sehr interessieren, wie Sie sich fühlen. Was macht die Tochter des Bürgermeisters? Sie wurde heute in der Ratssitzung gesehen."

„Herr Böhmer!" Oma sprach leise, aber Julia wusste, dass das nur ein Zeichen für ihre große Wut war.
„Was fällt Ihnen ein?", fragte Oma weiter. „Wir machen uns schon ausreichend Sorgen. Wir können lästige Fragen von Journalisten jetzt nicht gebrauchen. Bitte nehmen Sie Rücksicht."

„Entschuldigen Sie bitte, Frau Schultz." Der Radiojournalist zeigte echte Reue. „Ich wollte Sie wirklich nicht weiter beunruhigen. Aber Sie müssen auch verstehen, dass die Abwesenheit des Bürgermeisters bei der Ratssitzung mit allen Folgen für die Bürger Wildenburgs von großem Interesse ist. Darf ich denn wenigstens berichten, dass die Familie beunruhigt ist und zurzeit nichts sagen kann?"

„Ja, das dürfen Sie."

„Und dürfte ich Sie vielleicht morgen wieder anrufen, falls ...?"

„Sie meinen, falls er noch nicht aufgetaucht sein sollte?" Oma seufzte wieder und gab auf. Sie erinnerte sich, dass sich ihr Sohn und dieser Böhmer ganz gut verstanden. „Ist schon gut. Rufen Sie morgen nochmal an. Aber ich weiß wirklich nicht, warum Robert heute nicht zur Ratssitzung erschienen ist. Ich hoffe nur sehr, dass ihm nichts Schlimmes passiert ist."

Sie drückte auf den roten Hörer am Mobilteil des Telefons und legte es auf die Station. Es klingelte erneut – dieses Mal an der Tür. Julia schaute auf die Küchenuhr – es war halb acht geworden. Sie ging zur Haustür und öffnete. Britta Klein trat ein.

„Hallo Julia. Guten Abend, Frau Schultz."

„Ach, Frau Klein, kommen Sie herein." Oma wies dem Gast den Weg in die Küche. „Möchten Sie vielleicht eine Tasse Kaffee?"

Britta Klein nickte: „Ja, gerne." Oma machte sich an der Kaffeemaschine zu schaffen, stellte zwei Tassen auf den Tisch und setzte sich dann zu Britta Klein und ihrer Enkelin.

Britta Klein schaute Julia und ihre Oma lange an – schließlich fragte sie:

„War Robert in den letzten Tagen anders als sonst? Ich meine, er ist doch immer absolut zuverlässig."

„Nein", antwortete Oma, „er war wie immer. Etwas hektisch wegen der anstehenden Ratssitzung. Deswegen kam Robert letzte Woche immer sehr spät nach Hause. Aber das ist ganz normal." Sie stand auf, um die Kaffeekanne zu holen, goss Kaffee in die Tassen ein und stellte die Kanne zurück an ihren Platz: „Brauchen Sie Zucker oder Milch?"

„Nein, ich trinke schwarz", antwortete Britta Klein. „Und heute Morgen. War da etwas anders als sonst? Wirkte er nervös oder so?"

Frau Schultz schüttelte den Kopf.

„Ist dir auch nichts aufgefallen, Julia?", bohrte die Polizistin nach.

„Überhaupt nicht", antwortete Julia. Ernst fügte sie hinzu: „Nur eines war anders. Ich war heute mit zwei Klassenkameraden im Rathaus. Papa hat mir heute früh die Karten dafür gegeben."

Julia erzählte Britta Klein von den Vorschlägen für den Freizeitpark und vom Besuch des Bürgermeisters in ihrer Klasse.

„Hat dein Vater dir irgendetwas zum Einkaufszentrum erzählt?"

„Nein, nur dass er es gut findet", antwortete Julia. „War voll peinlich, wie er in meiner Klasse ..." Plötzlich hörte sie ein kurzes Piepen. Es kam aus ihrer Hosentasche. Eine SMS war angekommen. Sie griff nach dem Handy – konnte sich aber in letzter Sekunde davon abhalten, es aus der Hosentasche zu nehmen.

„Was hat er in deiner Klasse gemacht?", nahm Britta Klein das Gespräch wieder auf.

„Hä? Ach so, Papa hat total geschwärmt von dem Einkaufszentrum", antwortete Julia verwirrt. Krampfhaft hielt sie mit der linken Hand ihr Handy umklammert.

„Willst du nicht nachsehen, wer dir die SMS geschickt hat?" Oma schaute Julia erwartungsvoll an.

„Ja, mach ich gleich", antwortete Julia mürrisch und zog ihre linke Hand aus der Hosentasche – ohne Handy. Dabei rutschte sie unruhig auf der Bank hin und her, bis sie schließlich aufstand und meinte: „Ich glaub, ich geh' ins Bett. War ein anstrengender Tag."

„Aber du hast ja noch gar nichts gegessen", antwortete ihre Oma mit vorwurfsvoller Stimme.

„Hab sowieso keinen Hunger. Bis morgen. Papa meldet sich bestimmt bald." Julia ging zur Küchentür hinaus.

„Machst du dir gar keine Sorgen?", fragte Britta Klein hinter ihr her.

Julia blieb stehen und drehte sich noch einmal um: „Eigentlich nicht. Papa meint, dass man schlechte

Nachrichten immer als erste erfährt. Na ja, und bis jetzt haben wir einfach keine Nachricht von ihm."
„Auch nicht auf deinem Handy?", bohrte Britta Klein nach. Julia holte es rasch aus der Tasche, um ihre neue Errungenschaft gleich wieder einzustecken. „War nur Pia aus meiner Klasse", sagte sie errötend und ging schnell die Treppe zu ihrem Zimmer hoch.
Hinter ihr schüttelten ihre Großmutter und Britta Klein den Kopf.
„Wir sind alle etwas durcheinander", sagte Oma Schultz. „Ist ja kein Wunder nach diesem Tag. Hoffen wir mal, dass Julia Recht behält und nichts Schlimmes passiert ist."
Britta Klein stand seufzend auf und nickte: „Ja, im Moment kann ich wirklich nicht viel machen." Sie nahm ihre Jacke und ging zur Haustür. Im Hinausgehen verabschiedete sie sich noch bei Frau Schultz und war verschwunden.

Chaos in Wildenburg

So lautete am nächsten Morgen die Überschrift in den ‚Wildenburger Nachrichten'. Als Julia kurz nach sieben Uhr in der Küche erschien, konnte sie die Schlagzeile nicht übersehen. Sie erkannte gleich, dass Oma kaum geschlafen hatte. Sie trug noch die Kleider vom Vortag und hatte dunkle Ränder unter den Augen.

„Immer noch kein Lebenszeichen von Papa?", fragte Julia vorsichtig. Oma schüttelte den Kopf.

„Nein, ich habe aber inzwischen eine Vermisstenanzeige aufgegeben. Frau Klein hat das empfohlen. Jetzt sucht die Polizei ganz offiziell nach deinem Vater." Oma griff nach ihrer Tasse und trank einen Schluck Kaffee. „Konntest du schlafen?"

„Ja, ganz gu... na ja, ging so", stotterte Julia. Ihre Großmutter schüttelte verwundert den Kopf. „Dich bringt ja nichts aus der Ruhe." Sie deckte den Tisch für ihre Enkelin und ließ sich dann wieder auf ihren Platz fallen. „Du solltest heute zu Hause bleiben", merkte sie schließlich an.

„Ja, das findet P..., das findet Pia auch", wieder geriet Julia ins Stottern und dieses Mal errötete sie auch noch.

Wieder starrte Oma Julia verwundert an: „Wie meinst du das?"

„Ach, die SMS gestern Abend kam von Pia. Sie meinte, ich könnte heute zu Hause bleiben", antwortete Julia. Ihre Stimme klang jetzt so fest wie immer.

„Soso. Wie kommt deine Klassenkameradin darauf?", hakte Oma nach und beugte sich über den Tisch zu ihrer Enkelin hinüber.

„Wahrscheinlich hat unsere Lehrerin sie angerufen. Pia ist doch seit neuestem unsere Klassensprecherin."

Oma nickte bedächtig. „Ja, das ist natürlich eine Erklärung. Wie auch immer. Du bleibst heute hier. Es werden sowieso alle nach deinem Vater fragen, und womöglich sind auch noch Journalisten unterwegs, die dir dumme Fragen stellen."

„Du meinst wie der Typ gestern Nachmittag an der Tür?", fragte Julia.

„Ja, genau solche Typen meine ich", bestätigte ihre Großmutter. „Als hätte man nicht schon genug Sorgen, wenn der Sohn, Vater und Bürgermeister spurlos verschwindet. Machst du dir eigentlich keine Gedanken, ob deinem Papa etwas zugestoßen sein könnte?"

Julia atmete tief ein und aus. „Klar, aber findest du es nicht auch komisch, dass wir so gar nichts hören über ihn oder von ihm? Wenn er einen Unfall gehabt hätte, hätten wir es erfahren. Wenn ihn jemand entführt hätte, würden wir auch etwas erfahren. Entführer wollen doch meistens Geld oder nicht?"

„Hm!" Oma nickte bedächtig. „Vielleicht hast du recht. Vielleicht ist nichts Schlimmes passiert. Trotzdem: Dein Vater verschwindet doch nicht von selbst und schon gar nicht am Tag der Ratssitzung." Sie fuhr sich mit der Hand über das Gesicht und schüttelte sorgenvoll den Kopf.

Julia rückte auf der Sitzbank zu ihrer Oma und legte einen Arm um ihre Schultern. „Wir müssen wohl noch etwas abwarten. Kann doch sein, dass Frau Klein uns schon bald Neuigkeiten bringt." Sie küsste ihre Großmutter auf die Wange und nahm die Zeitung in die Hand. „Ich lese erst mal, was die Zeitung schreibt, und dann rufe ich Papas Sekretärin an. Vielleicht hat die ja etwas bemerkt. Was meinst du?"

„Ja, mach das mal. Irgendetwas müssen wir ja wohl tun. Ich versuche auf der Couch etwas zu schlafen." Mit einem Seufzer stand sie auf und ging ins Wohnzimmer.

Julia blieb am Küchentisch sitzen und nahm die Zeitung zur Hand. Die „Wildenburger Nachrichten" (WiN) widmeten dem Verschwinden des Bürgermeisters zwei Seiten. Mehrfach las sie den langen Artikel über die Ratssitzung. Langsam begriff sie, dass die Abwesenheit ihres Vaters ein ziemliches Chaos in der Welt der Erwachsenen ausgelöst haben musste. Nicht nur, dass der Rat der Stadt kaum Entscheidungen getroffen hatte. Bei dem umstrittenen Projekt der Trainingsrennstrecke könnten der Stadt nun Gelder verloren gehen, die von der Landesregierung kommen sollten. Der Journalist schrieb, dass sich bereits andere Städte Hoffnung auf den Geldsegen aus der Landeshauptstadt machten. Auch erklärte man in den WiN, dass der Beigeordnete Metzger nun der oberste Verwaltungsbeamte der Stadt sei. Alles müsse über seinen Schreibtisch gehen. Gleichzeitig habe aber ein ungenanntes Ratsmitglied schon darüber spekuliert, dass es wohl eine Neuwahl zum Amt des Bürgermeisters geben müsse, wenn Robert Schultz nicht bald wieder auftauche. Von Abwahl auf Antrag des Stadtrates war im Artikel die Rede. Sogar von der Möglichkeit, ihren Vater für tot zu erklären, schrieben die Reporter. Dafür müsse der Bürgermeister allerdings schon sehr lange verschwunden sein. Julia atmete erleichtert auf. Las die Stelle nochmal und lachte. Auch mehrere Fotos von Julias Papa und vom Rathaus waren abgedruckt. Das Bild mit Julia vor der Haustür war nicht dabei. „Haben sich echt nicht getraut", murmelte Julia vor sich hin und musste erneut lachen, als sie an Omas Auftritt vor dem WiN-Journalisten dachte.

Dann schlich sie ins Wohnzimmer. Tatsächlich war ihre Großmutter eingeschlafen. Julia nahm das Mobilteil des Telefons und ging zurück in die Küche. Dort holte sie ihr Handy aus der Hosentasche und rief eine Nachricht auf. „Einwohnerantrag. Waltraud Schöne, Telefon: 23 86 45; Adresse: Burgwall 15. Gruß" stand dort.

Die Nachricht war am Abend zuvor angekommen. Kurz nachdem die Polizistin das Haus verlassen hatte. Julia hatte daraufhin im Internet gesucht, wer Waltraud Schöne sei und herausgefunden, dass es sich bei der Dame um die Vorsitzende des Vereins „Interessengemeinschaft Einzelhandel in Wildenburg" handelte. Außerdem gab es mehrere alte Zeitungsartikel über sie. In einem stand, dass Frau Schöne die Idee für das Einkaufszentrum nicht so gut fand wie der Bürgermeister. „Wildenburg braucht kein großes Einkaufszentrum. Wir brauchen ein attraktives Kultur- und Freizeitkonzept, um Menschen aus den Nachbarstädten nach Wildenburg zu locken, kein Einkaufszentrum. Das macht nur den alteingesessenen Handel kaputt", hatte Waltraud Schöne vor den Mitgliedern des Vereins „Interessengemeinschaft Einzelhandel in Wildenburg" erklärt.

Jetzt verstand Julia die Kurznachricht und wählte die Nummer, die ihr angegeben worden war. Frau Schöne meldete sich mit „Feinkost Schöne". Nach einem kurzen Gespräch verabredete Julia sich mit ihr für Samstag 14 Uhr. „Am Nachmittag kommen nur noch wenige Kunden in mein Geschäft, weißt du, und wir haben genug Zeit zu reden", begründete die Händlerin den Zeitpunkt.

Nun hatte Julia nichts mehr zu tun. Sie blickte auf die Küchenuhr – eine alte Kuckucksuhr, die schon bei ihren Urgroßeltern in der Küche gehangen hatte. Der Zeiger schien sich überhaupt nicht mehr zu bewegen, und die zwölf Minuten, die fehlten, bis der Kuckuck 10 Uhr verkünden sollte, zogen sich wie zwölf Stunden. Julia langweilte sich und fand plötzlich, dass es in der Schule wahrscheinlich spannender wäre. Sie überlegte kurz, beschloss aber, ihrer Großmutter keinen weiteren Schrecken einzujagen und blieb zu Hause. Statt in die Schule zu gehen, setzte sie sich erneut an den Computer im Arbeitszimmer ihres Vaters und schaltete das Internet ein. Sie wollte noch wissen, was eigentlich ein „Einwohnerantrag" ist. Vielleicht fand sich dazu ja auch eine Erklärung.

Ungeduldig starrte Julia auf den Bildschirm des PC. Die Internetseite, die sie aufgerufen hatte, brauchte ganz schön lange, bis sie endlich geladen war und erschien. Erstaunt stellte sie dann aber fest, dass alle Einwohner einer Gemeinde in ihrem Bundesland das Recht haben, einen Einwohnerantrag zu schreiben. Der Stadtrat muss sich sogar mit dem Thema des Antrags befassen. Langsam verstand sie den Hinweis der SMS. Wer einen Vorschlag hat, kann ihn schriftlich formulieren und den gewählten Leuten im Rathaus geben. Noch erstaunlicher fand sie, dass man dafür nicht das Wahlrecht haben muss. „Cool!", rief sie aus und stellte sich vor, dass alle aus ihrer Klasse Unterschriften für einen Freizeitpark sammelten. „Das schaffen wir ganz schnell!", dachte sie und las weiter.

Plötzlich schlug sie mit der Hand auf den Computertisch. „So eine Kacke! Das ist ja total bescheuert!" Julia war an die Stelle im Text gekommen, in der erläutert wurde, dass erst Jugendliche ab vierzehn Jahren einen Einwohnerantrag mit ihrer Unterschrift unterstützen können. Außerdem mussten bei der Größe Wildenburgs rund 500 Unterschriften zusammenkommen, bevor der Stadtrat verpflichtet wäre, den Einwohnerantrag für einen Freizeitpark zu behandeln.

Wütend stand sie auf und ließ sich auf die Couch im Arbeitszimmer ihres Vaters fallen. Ihre Vorfreude war verflogen, Julia hatte nun Sorgen, dass sie die vielen Unterschriften nicht zusammen bekämen.

„Ach, hier bist du!" Julias Oma trat ins Zimmer. „Ich dachte schon, du wärest auch verschwunden." Sie setzte sich zu ihrer Enkelin auf das Sofa und nickte ihr zu.

„Immer noch keine Nachrichten von Papa?"

„Nein, leider nicht. Aber Frau Klein wollte gleich wieder vorbeikommen. Sie sagte, dass sie uns beide nochmal befragen will, was in den letzten Tagen so los gewesen ist bei uns."

„Aber das haben wir ihr doch schon gestern gesagt." Julia schüttelte verständnislos den Kopf. „Das bringt doch nichts!"

Kaum hatte sie das ausgesprochen, klingelte es bereits an der Tür. Julia rannte die Treppe hinunter und öffnete Britta Klein die Haustür.

Beim Eintreten streckte die Polizistin Julia die rechte Handfläche entgegen: „Ich möchte gerne mal dein Handy haben, junge Frau."

„Wozu? Ich muss es oben aus meinem Zimmer holen." Ohne eine Antwort abzuwarten lief Julia die Treppe wieder hinauf. Als sie zurückkehrte, saß Britta Klein am Küchentisch und unterhielt sich mit der Großmutter. Julia legte das Handy auf den Tisch und wartete ab.

Die Polizistin betrachtete das Gerät kurz, schob den Slider hoch und tippte dann ein paar Tasten, tippte erneut und runzelte dabei die Stirn. Skeptisch hob sie eine Augenbraue, schaute auf und legte das Handy schließlich wieder auf den Tisch.

„Auf der Liste der Anrufe kann man erkennen, dass du gestern zwei SMS bekommen hast. Aber bei den eingegangenen Nachrichten sind sie nicht mehr", brach Britta Klein schließlich das peinliche Schweigen.

„Ja, die waren von Pia. Die hab ich gleich gelöscht."

„So?" Britta Kleins Stimme klang ungeduldig. „Liebe Julia, ich werde das Gefühl nicht los, dass du mir etwas verschweigst. Weißt du etwa, wo dein Vater ist?"

Jetzt wurde Julia wütend. Sie schnappte nach Luft und antwortete lauter als nötig gewesen wäre: „Nein, natürlich nicht. Woher sollte ich auch? Er hat mir nichts gesagt!"
Britta Klein nickte: „Gut. Das klingt ehrlich. Entschuldige bitte."
Die drei unterhielten sich noch eine Weile darüber, ob der Bürgermeister vor seinem Verschwinden irgendetwas Ungewöhnliches gesagt oder getan hatte, was ihnen bisher nicht aufgefallen war. Doch solange Julia und Oma auch darüber grübelten, sie kamen zu keiner schlüssigen Antwort. Der Bürgermeister war einfach weg – und verursachte allein dadurch ziemlichen Wirbel.

Ein Freitzeitpark für Wildenburg

Julia schaute auf die Uhr. Gerade hatte sie mit ihrer Großmutter zu Mittag gegessen. Eigentlich sollte ihre Freundin Carla schon bei ihr sein. Sie lachte.

„Na, was amüsiert dich?", fragte Oma.

„Nichts Besonderes. Ich musste nur daran denken, dass Carla nie pünktlich ist. Ständig kommt sie zu spät. Das ist auch in der Schule nicht anders", antwortete Julia.

„So. Was wollt ihr denn machen?"

„Sie begleitet mich zu Frau Schöne. Wir wollten doch unsere Idee mit dem Einwohnerantrag besprechen."

Eifrig erklärte Julia nun ihrer Großmutter, was sie vorhatten.

„Und du meinst, dass das klappt?" Oma schaute skeptisch zu ihrer Enkelin.

„Weiß nicht, aber wahrscheinlich schon. Im Internet stand, dass Frau Schöne nicht so begeistert ist von dem Einkaufszentrum. Außerdem hat sie gesagt, dass Wildenburg ein Freizeitkonzept braucht. Vielleicht ist das ja so etwas Ähnliches wie ein Freizeitpark."

Jetzt musste Oma lachen: „Na, wenn du meinst ..."

Es klopfte an die Scheibe des Küchenfensters. Carla winkte und zeigte mit dem Finger auf die Haustür. Julia sprang auf und öffnete der Freundin.

„Na endlich, ich dachte schon, du kommst gar nicht mehr."

„Wieso? Wir haben doch noch Zeit. Hier, ich habe uns Eis mitgebracht." Carla hielt Julia ein kleines Paket unter die Nase. Das Papier wies auf das italienische Eiscafé ihrer Eltern hin.

Julia blickte auf die Uhr: „Aber höchstens zehn Minuten."

„Sag ich doch, wir haben Zeit für ein Eis." Damit ging sie an ihrer Freundin vorbei in die Küche. „Hallo, Frau Schultz. Ich hab auch ein Eis für Sie mitgebracht. Meine Eltern meinen, dass das beruhigt."
Zehn Minuten und zwei Eiskugeln später verließen die Mädchen das Haus des Bürgermeisters. Sie mussten schnell laufen, denn inzwischen war es fünf Minuten vor zwei Uhr geworden und Julia hasste es, zu spät zu kommen.

Atemlos, aber fast pünktlich erreichten sie das Feinkostgeschäft von Waltraud Schöne. Wie angekündigt waren keine Kunden mehr im Laden. Frau Schöne begrüßte die beiden Mädchen freundlich und führte sie in den hinteren Bereich des Ladens. Dort gab es einen alten Holzschreibtisch, um den sie sich setzen konnten.

„Möchtet ihr etwas trinken?", fragte Frau Schöne. „Eine heiße Schokolade vielleicht?" Die beiden Freundinnen nickten, und kurze Zeit später diskutierten sie mit Frau Schöne die Idee des Freizeitparks. Sie erzählten von ihrem Klassenausflug, den Plänen, die sie in der Klasse gemalt hatten, dem Gespräch mit dem Bürgermeister und der Ratssitzung, die so ganz anders verlaufen war als erwartet.

„Na ja, und weil ich nicht so recht wusste, was ich machen sollte, während wir zu Hause auf Nachrichten von meinem Vater warteten, habe ich mich durchs Internet geklickt. Da habe ich einen Artikel über Sie gefunden. Sie wollen das Einkaufszentrum auch nicht?", beendet Julia ihren Bericht.

„Nein, so ist das viel zu groß. Kleine Händler können da nicht mithalten, wenn große Geschäfte alles viel billiger anbieten als wir", bestätigte Frau Schöne. „Aber dein Vater sieht das leider anders."

Julia nickte: „Aber er hat mal über so was wie ‚Einwohnerantrag' mit mir gesprochen. Ich glaube, das sollte ein Tipp sein." Jetzt erzählte sie Frau Schöne, was sie darüber im Netz gelesen hatte.

Als sie fertig war herrschte Schweigen. Waltraud Schöne überlegte lange. Schließlich meinte sie: „Jetzt verstehe ich besser, was du gestern am Telefon meintest. Vielleicht haben wir tatsächlich gemeinsame Interessen. Ich bin schon lange der Meinung, dass Wildenburg mehr Freizeitmöglichkeiten braucht. Das könnte zu eurer Idee des Freizeitparks passen."

Die Geschäftsinhaberin stand auf, ging zur Ladentür, schloss ab und drehte das Schild um. „Geschlossen" stand nun an der Tür. „Jetzt kommt sowieso kaum noch jemand. Lasst uns lieber die Sache genauer besprechen."

Als Carla und Julia den Laden verließen, ging es schon auf fünf Uhr zu und es dämmerte stark. Julia trug einen dicken Stapel Blätter unterm Arm: Unterschriftenlisten. Zusammen mit Frau Schöne hatten die Schülerinnen einen Antrag geschrieben und Listen vorbereitet, auf denen Unterschriften für den Antrag gesammelt werden sollten.

„Hier, halt mal." Julia war plötzlich stehen geblieben und hielt Carla die Blätter hin. „Bevor wir uns aufmachen, sollte ich noch meine Oma anrufen. Die macht sich im Moment immer viele Sorgen."

„Das kann ich verstehen", antwortete Carla. „Hast du eigentlich keine Angst um deinen Vater?"

Julia winkte ab und sprach ins Handy: „Hallo Oma, Carla und ich haben Frau Schöne überzeugt. Wir gehen jetzt noch bei ein paar Schulkameraden vorbei und bringen ihnen Unterschriftenlisten. Danach komme ich nach Hause." Ohne eine Antwort abzuwarten, beendete Julia das Gespräch und stapfte los. „Komm, lass uns zuerst zu Pia gehen, die wohnt hier um die Ecke."

Wenige Minuten später standen die beiden in Pias Zimmer. Ungläubig las Pia den Antrag und schüttelte den Kopf.

„Einzelhandel in Wildenburg stärken – Wissens- und Freizeitpark statt Einkaufszentrum" lautete die Überschrift des Einwohnerantrags, den Julia und Carla zusammen mit Frau Schöne geschrieben hatten. Weiter hieß es:

„Der Rat der Stadt Wildenburg wird gebeten, folgenden Punkt in einer seiner nächsten Sitzungen zu beraten und zu beschließen:

Statt eines Einkaufszentrums soll auf dem ehemaligen Fabrikgelände ein Freizeitpark realisiert werden. Attraktive Freizeitangebote locken mehr Besucher und Touristen in das historische Wildenburg und stärken unseren gewachsenen Einzelhandel sowie die örtliche Gastronomie. Die Stadtverwaltung wird beauftragt, ein entsprechendes Konzept unter Einbeziehung der Bürgerschaft und der Vertreter des Einzelhandels zu erarbeiten und nach geeigneten Investoren zu suchen."

Pia hob den Blick: „Meint ihr, dass das so reicht?"

„Frau Schöne meinte, dass es wohl ausreichend ist. Wenn der Stadtrat auch der Meinung ist, dann wird die Stadt das schon irgendwie machen. Hauptsache, wir sammeln jetzt erst mal viele Unterschriften." Carlas Stimme überschlug sich fast. „Wir dachten, dass du gleich ein paar Blätter hier behältst und sammelst. Wer aus unserer Klasse wohnt denn noch in der Nähe?"

Pia überlegte kurz: „Falk und Jan, denen könnte ich morgen nach dem Frühstück die Listen bringen."

„Denk dran, ihnen zu erklären, dass wir nicht unterschreiben dürfen. Das darf man erst ab vierzehn."

„Das ist ja blöd. Dann kriegen wir ja gar nicht so viele Unterschriften zusammen", maulte Pia.

„Weiß ich auch. Aber ich kann es nicht ändern. Du musst eben deine Eltern, Großeltern und Nachbarn überzeugen. Vor allem brauchen wir ältere Geschwister. Wir müssen das schaffen." Auch Julia spürte Wut in sich hochsteigen. „Und den nächsten Antrag schreiben wir dann selbst. Die sollen Kindern mehr Rechte geben!"

Carla und Julia verabschiedeten sich von Pia und besuchten noch zwei weitere Schulkameraden. Danach trennten sich ihre Wege wieder. Bevor Carla in Richtung Eisdiele marschierte, meinte sie noch: „Ich frag meine Eltern, ob wir die Listen schon morgen in der Eisdiele auslegen können. Vielleicht helfen sie uns ja auch beim Sammeln."

„Das wäre klasse." Julia blickte auf ihr Handy. Die Uhr zeigte fast 18:30 Uhr an. „Ich glaube, es wird Zeit, zu meiner Oma zurückzugehen. Ruf mich an, wenn die Listen ausgelegt werden dürfen. Ich komm dann zu euch und wir sammeln gemeinsam."

„Ist gut, ciao!"

Unterschriften für einen Freizeitpark

Am Montag verließ Julia schon gegen halb acht das Haus – zwanzig Minuten früher als üblich. Sie wollte rechtzeitig in der Schule sein, um noch vor Unterrichtsbeginn mit den anderen die ersten Unterschriften zu zählen. Nachmittags würde sie dann noch einmal zu Frau Schöne gehen und schauen, ob auch sie schon gesammelt hatte.

Auf dem Schulhof war noch nicht viel los. Doch Julia musste nicht lange warten. Falk, Jan, Pia und Mesut trudelten schon bald nach ihr ein. „Habt ihr Unterschriften?", fragte sie ungeduldig in die Runde.

„Jawoll, Frau Bürgermeister!", antwortete Mesut in zackigem Ton, wie er ihn aus Filmen kannte, wenn Soldaten ihren Offizieren antworteten. „Hier, ich hab zwölf geschafft. Mehr ging nicht, bin noch mit meiner

Familie zu Verwandten gefahren. Die wohnen aber nicht in Wildenburg." Er zeigte eine vollständig ausgefüllte Liste.

„Und ihr?" Erwartungsvoll blickte Julia in den Rest der Runde. Alle hatten gesammelt. Falk hatte seiner älteren Schwester zwei Listen gegeben. „Die will sie heute in ihrer Klasse herumreichen. Die haben in den höheren Klassen ja sogar Politikunterricht. Lena will ihren Lehrer fragen, ob sie das Thema dort behandeln können und auch Unterschriften sammeln dürfen."

„Geil!" Pia klatschte in die Hände.

Auch Julia nickte anerkennend: „Die Sache zieht ja richtig Kreise."

„Cool!", meinte Jan und reichte Julia seine Liste. Sieben Unterschriften hatte er zusammenbekommen.

Inzwischen waren immer mehr Kinder aus Julias Klasse auf dem Schulhof angekommen. Viele brachten Unterschriften mit. Fehlte nur noch Carla.

„Mann, wo bleibt die nur?", maulte Julia. „Wir haben gestern zusammen im Eiscafé ihrer Eltern Unterschriften gesammelt."

„Und, lief's gut?", fragte Tatjana, die selber gerade ihre Liste mit sechs Unterschriften aus dem Ranzen kramte.

„Ja, war ganz ok", meinte Julia. „Solange ich dort war, hatten wir schon fast vierzig zusammen. Dann musste ich gehen. Carla wollte allein weitermachen."

Mit dem Klingeln der Schulglocke kam Carla schließlich auf den Schulhof gerannt. Schnell stellte sie sich zu den anderen in die Reihe und wartete mit ihnen darauf, von Frau Bauer in den Klassenraum geholt zu werden.

Drinnen erlaubte Frau Bauer der Klasse, alle Unterschriften erst einmal zu zählen. Insgesamt hatten sie 143. „Das ist doch für den Anfang schon sehr gut", meinte Frau Bauer.

Am Nachmittag, nachdem sie in der Schule zu Mittag gegessen und ihre Aufgaben erledigt hatte, ging Julia zu Frau Schöne in den Feinkostladen. Sie hatte sämtliche Unterschriftenlisten eingepackt. Es war verabredet, dass alle bei Frau Schöne gesammelt werden sollten.

Dieses Mal war mehr los. Frau Schöne und eine Angestellte bedienten mehrere Leute, und Julia musste warten, bis sie schließlich wieder nach hinten an den Holztisch gebeten wurde. Julia erzählte schnell, was noch alles passiert war, nachdem sie mit Carla am Samstagnachmittag das Feinkostgeschäft verlassen hatte.

„Da habt ihr ja richtig was in Bewegung gebracht. Toll!", kommentierte Frau Schöne anerkennend. „Ich war aber auch nicht untätig." Jetzt berichtete die Händlerin. Sie hatte das Wochenende damit verbracht, ihre Geschäftspartner aus der Interessengemeinschaft Einzelhandel von der Idee zu überzeugen. Nach anfänglichem Zögern waren die meisten jetzt bereit, zumindest Unterschriftenlisten in ihren Geschäften auszulegen. Einige wollten wie Frau Schöne selber aktiv um Unterstützung werben.

„Und jetzt kommt das Wichtigste: Wir sollten die Listen im Rathaus abgeben, sobald fünfhundert Unterschriften zusammen sind. Dann können die Leute aus der Verwaltung die Beratung im Stadtrat vorbereiten. Gleichzeitig sollten wir weitersammeln. Wenn bis zur nächsten Ratssitzung vielleicht sogar tausend Unterschriften da sind, dann ist das doch viel beeindruckender. Findest du nicht?"

Julia nickte.

„Wenn wir soweit sind, gehen wir gemeinsam ins Rathaus. Ich werde versuchen, die Vertreterin deines Vaters zu einem kurzfristigen Termin für die Übergabe zu bekommen. Und die Journalisten von Radio Wildenburg und den WiN müssen wir natürlich benachrichtigen. Traust du dich, auf ihre Fragen zu antworten?"

„Klar, warum nicht. Einer wollte mich letzte Woche vor der Haustür fragen, ob ich etwas über das Verschwinden meines Vaters wüsste", erzählte Julia.

Frau Schöne schüttelte den Kopf: „Manchmal sind die Leute von der Presse ganz schön lästig."

„Das hat meine Oma auch gesagt", gab Julia lachend zurück. „Ich muss jetzt los. Oma wartet bestimmt schon auf mich."

Zu Hause nahm die Großmutter Julia gut gelaunt in Empfang. Sie umarmte ihre Enkelin, nahm ihr die Tasche ab und schob sie in die Küche. Auf dem Tisch standen zwei Teller mit je einem Stück Apfeltorte, und ein Schälchen mit Schlagsahne war ebenfalls vorbereitet.

„Wow, was ist passiert? Hat Papa sich gemeldet?"

„Nein, das hätte ich dir doch gleich gesagt", erwiderte Oma. „Aber ich hab mit Tante Anni in Eschweiler telefoniert. Und die meinte, ich solle uns beiden die Zeit so schön wie möglich machen. Na ja, ich dachte, das hier ist eine Möglichkeit."

„Klar, warum nicht!" Genussvoll aß Julia ihr Stück. Dabei berichtete sie der Großmutter vom Stand der Dinge in Sachen Einwohnerantrag.

„Ach ja, dein Klassenkamerad Falk lässt dir ausrichten, dass seine Schwester an ihrer Schule 36 Unterschriften für euren Einwohnerantrag gesammelt hat."

„Oh, prima. Vielleicht schaffen wir die 500 Unterschriften wirklich noch in dieser Woche", kommentierte Julia sichtlich zufrieden.

Doch bevor sie Frau Schöne anrufen konnte, klingelte das Telefon. Oma nahm ab, unterhielt sich kurz und legte nach einer Minute schon wieder auf.

„Das war Frau Klein. Sie meinte, es gebe keinerlei Hinweise darauf, dass deinem Vater etwas Schlimmes zugestoßen sei. Aber finden können sie ihn auch nicht."

„Mal was anderes, Oma. Hattest du nicht gesagt, dass Tante Anni letzte und diese Woche nach Spanien fahren wollte? Wie kann sie dann in Eschweiler sein?"

„Was? Äh, ach so. Sie ist früher gefahren und schon wieder zurück", erklärte Oma.

Dann piepste Julias Handy. Eine SMS: „Gut gemacht!"

Treffen im Rathaus

Sie ging ins Wohnzimmer, um zu telefonieren. Die Nummer von Frau Schöne kannte Julia inzwischen auswendig. Zu ihrer Enttäuschung war die Leitung aber besetzt. Doch bevor sie auflegen konnte, griff Oma zum Hörer und drückte auf eine Taste. „So, jetzt kannst du auflegen", sagte sie und hielt ihrer Enkelin das Mobilteil hin.

„Was hast du gemacht?", fragte Julia neugierig.

„Ich habe die Rückruftaste gedrückt. Wenn die Leitung wieder frei ist, wählt unser Apparat die Nummer automatisch neu an und es klingelt bei uns und am anderen Ende." Oma grinste zufrieden. „Ich lebe ja schließlich auch nicht auf dem Mond."

Gerade als Julia antworten wollte, dass sie so etwas ja auch nicht behauptet habe, klingelte es schon. Sie hob ab und hörte zunächst nur ein Freizeichen. Kurz darauf meldete sich Frau Schöne.

Julia erzählte ihr vom neuesten Stand der Dinge und der Unterstützung aus den Klassen der älteren Geschwister, die auf die Erich-Kästner-Schule gingen.

„Das klingt gut", kommentierte die Händlerin.

„Ja, alle halten sich an die Verabredung, so viele Unterschriften wie nur möglich zu sammeln."

„Dann müssten wir doch die ersten 500 Unterschriften bald zusammenhaben, oder?", überlegte Waltraud Schöne.

„Wahrscheinlich schon", antwortete Julia.

„Dann werde ich für Freitag einen Termin mit der stellvertretenden Bürgermeisterin vereinbaren. Wann hast du Schulschluss?"

„Ich darf die Ganztagsschule erst um 15 Uhr verlassen", sagte Julia. „Soll ich dann zu Ihnen kommen?"

„Ich bin vorher unterwegs. Wir treffen uns besser direkt am Rathaus. Morgen sage ich dir Bescheid."

„Ist gut. Bis dann!" Julia drückte auf den roten Hörer am Mobilteil des Telefons und legte die Listen in eine blaue Mappe, die sie dann in den Ranzen packte.

Am Mittwoch, dem sechsten Tag nach dem Verschwinden des Bürgermeisters, erzählte Frau Bauer, dass alle Schüler, die älter als vierzehn Jahre seien, von den Lehrern der Erich-Kästner-Schule auf den Einwohnerantrag aufmerksam gemacht würden. „Euer Antrag ist bei den Großen jetzt Unterrichtsthema", schloss Frau Bauer ihren Bericht ab, „ihr könnt stolz auf euch sein."

Einen Tag später kam Falk mit fünf weiteren vollständig ausgefüllten Listen in die Schule und gab sie Julia. „Hier, die hat meine Schwester gestern Nachmittag mitgebracht. Viele aus ihren Parallelklassen haben auch noch unterschrieben."

„Super! Jetzt müssen wir noch ausmachen, wer morgen mit mir ins Rathaus fährt, um die ganzen Listen abzugeben", sagte Julia.

Die Klasse einigte sich auf die Dreier-Gruppe, die eine Woche zuvor bei der Ratssitzung gewesen war.

Pressekonferenz im Rathaus

Am Freitag war es endlich so weit: Julia sollte mit Frau Schöne die gesammelten Unterschriften im Rathaus abgeben. Doch zuvor musste sie noch in die Schule. „Hoffentlich denken Pia und Mesut daran, dass wir später ins Rathaus gehen", sagte sie. Doch ihre Großmutter war in die Zeitung vertieft und hörte nicht zu. Erst als ihre Enkelin sie am Ärmel zupfte, schaute sie auf.

„Hörst du mir gar nicht zu?", fragte Julia empört.

„Im Moment nicht. Ich hab gerade in der Zeitung gelesen, dass die Kriminalpolizei gestern im Rathaus war und nach Akten gesucht hat. So wie es scheint, wurden sie nicht gefunden."

„Und was hat das zu bedeuten?" Julia hatte nur Bahnhof verstanden. „So genau weiß ich das auch nicht", musste die Großmutter zugeben, „aber wie es aussieht, glaubt die Polizei, dass dieser Typ, der das Einkaufszentrum bauen will, ein Betrüger ist. Aber richtig seltsam ist, dass die gesuchten Akten nicht im Rathaus sind."

Julia schwieg eine Weile. Dann fragte sie: „Warum ist das seltsam?" „Na ja, wenn die Stadt einen Bau genehmigt oder sogar Geld dafür gibt, dann muss sie nachweisen, dass alles mit rechten Dingen zugeht. Wenn jetzt die Akten fehlen, dann kann niemand überprüfen, ob wirklich alles in Ordnung ist", erklärte Oma.

„Hm, ich glaube so richtig verstehe ich das immer noch nicht", meinte Julia und stand auf. „Ich muss jetzt los. Mach dir keine Sorgen, wenn es später wird, ich muss nach der Schule noch ins Rathaus", rief sie der Großmutter im Hinausgehen zu.

Kurz vor vier Uhr an diesem Nachmittag machten sich Julia, Pia und Mesut erneut auf den Weg ins Wildenburger Rathaus. Sie hatten jede Menge Unterschriften zusammengetragen. Später sollten noch die Listen von Frau Schöne und ihren Geschäftsfreunden dazukommen, um sie dann gemeinsam der stellvertretenden Bürgermeisterin zu überreichen.

Als die drei am Rathaus ankamen, stand Frau Schöne bereits am Eingang. Sie winkte und rief: „Lasst uns hochgehen. Frau Katzmann wartet oben in ihrem Büro auf uns. Die Journalisten sind auch schon da."
Während sie zu viert die Treppen hochstiegen, wurde den Kindern etwas mulmig. Sie hatten verabredet, dass alle drei etwas zur Geschichte des Einwohnerantrags erzählen sollten. Schließlich hatte die Klasse die Idee für den Wissens- und Freizeitpark in Wildenburg gehabt. Die Geschäftsleute hatten sich nur angeschlossen.
„Deswegen müsst ihr der Bürgermeisterin und der Presse alles erklären", ermutigte Waltraud Schöne die Kinder noch einmal. Dann klopfte sie an die Tür des Amtszimmers.
Die Nervosität war völlig unnötig:

Angespornt durch die freundliche Begrüßung der Bürgermeisterin stellten die drei ihre Idee der Runde vor. Sie erzählten von ihrem Ausflug, der Diskussion auf der Rückfahrt und natürlich vom Besuch des Bürgermeisters in der Klasse. Sie verhehlten auch nicht die Enttäuschung der Klasse darüber, dass es nur ein kleines Grundstück für das tolle Projekt geben sollte. Julia ergänzte noch, dass sie sich zu Hause mit ihrem Vater noch einmal unter vier Augen unterhalten habe.

Schließlich seien sie auf Frau Schöne und die Geschäftsleute gestoßen, die das große Einkaufszentrum auch nicht so gut fänden. In wenigen Tagen hätten sie über 600 Unterschriften für den gemeinsamen Einwohnerantrag gesammelt und nun seien sie hier.

„War es schwer, die Leute zur Unterschrift zu bewegen?", fragte ein Journalist.

„Nein", antwortete Pia, „die meisten haben schnell unterschrieben."

„Ich hatte etwas Schwierigkeiten", warf Mesut ein.

„Wieso?", fragte der Reporter nach.

„Meine türkischen Verwandten und Freunde dachten, sie dürften nicht unterschreiben, weil sie ja nicht alle die deutsche Staatsbürgerschaft haben. Aber so einen Antrag dürfen alle unterschreiben", berichtete Mesut.

„Nee, wir nicht", warf Julia ein. „Das war schon ziemlich Sch… ade. Erst ab vierzehn Jahren darf man unterschreiben."

„Hat euch diese Regel geärgert?" Ein anderer Journalist hatte sich zu Wort gemeldet.

„Am Anfang schon. Aber als viele Leute unterschrieben, war das nicht mehr so schlimm", antwortete dieses Mal Pia.

„Blöd ist es …" Mesuts Einwand wurde jäh unterbrochen,

als die Tür plötzlich aufgeschlagen wurde. Aufgeregt kam ein verspäteter Journalist vom lokalen Radiosender herein und japste nach Luft.

„Leute, ihr glaubt nicht, wer gerade ins Rathaus gekommen ist – Bürgermeister Schultz!"

Kaum war der Satz ausgesprochen, war das Büro der stellvertretenden Bürgermeisterin auch schon wie leergefegt. Das war die Neuigkeit des Tages. Alle Reporter wollten dabei sein, wenn der Bürgermeister erklärte, wo er gewesen und warum er so urplötzlich wieder aufgetaucht war. Doch sie wurden enttäuscht. Vor seinem Büro stand der freundliche Herr Schmitz – der Rathauspförtner – und vertröstete alle.

Der Bürgermeister habe viele wichtige Dinge zu besprechen und werde der Presse zur Verfügung stehen, wenn er wieder Zeit habe, erklärte der Pförtner immer wieder geduldig.

„Das ist doch wohl nicht sein Ernst", maulten die Journalisten, „ist eine ganze Woche weg und will uns jetzt nichts erzählen."

Aber es hatte keinen Sinn. Das Büro von Robert Schultz blieb verschlossen. Man hörte das Telefon auf seinem Schreibtisch klingeln, aber er ging offenbar nicht dran.

Nach einer Weile mischte sich Christine Katzmann ein: „Sie haben doch gehört. Der Bürgermeister ist nicht zu sprechen, und ich bin es auch nicht. Verstehen Sie bitte, dass wir uns zunächst unter uns besprechen müssen."

„Wussten Sie etwa von der Rückkehr des Bürgermeisters, Frau Katzmann?", fragte der Reporter des Lokalradios.

„Natürlich nicht. Ich bin genauso überrascht wie Sie. Das können Sie mir glauben." Die stellvertretende Bürgermeisterin bedankte sich noch für das Interesse an der Übergabe der Unterschriften und ging mit ihren jungen Gästen in das Amtszimmer zurück. An Julia gewandt sagte sie: „Warte noch etwas, dann gehe ich mit dir rüber. Du willst deinen Vater ja bestimmt auch sprechen."

Kurze Zeit später wurde es ruhiger im Rathaus. Die Journalisten waren alle fort und telefonierten mit ihren Handys auf dem Rathausplatz. Durch das gekippte Fenster hörte man vereinzelte Sätze wie: „Was sagen Sie dazu?" oder „Wussten Sie schon ...?"

Frau Katzmann blickte zu Waltraud Schöne und meinte: „Die geben nie auf."

Beide lachten, während Julia, Pia und Mesut nicht verstanden, was sich eigentlich abspielte.

Streit im Bürgermeisteramt

Die plötzliche Rückkehr des Bürgermeisters hatte alle sehr überrascht. Während seine Stellvertreterin Christine Katzmann mit ihren jungen Gästen die Journalisten vor dem Rathaus beobachtete, stritten sich zwei Türen weiter der Bürgermeister und der verantwortliche Beigeordnete[13] für Finanzen und Bauen.

Im Laufschritt war Robert Schultz zuvor aus der Tiefgarage in sein Amtszimmer gekommen. Seine Krawatte war lose um den Hemdkragen gebunden und die Anzugjacke hing von einer Schulter herunter. In der ersten Etage des Rathauses angekommen, war er gleich zu seinem „Finanzminister" gelaufen. „Wir müssen sprechen – sofort!", hatte er geschrien.

„Das kann man wohl sagen!", hatte Karl-Heinz Metzger ebenso laut erwidert. Er war in Wildenburg für die städtischen Finanzen, den Verkehr und das Bauen verantwortlich.

Er war aufgestanden und dem Bürgermeister hinterher gelaufen. Inzwischen hatten die Journalisten von der Rückkehr des Bürgermeisters Wind bekommen. Schultz und Metzger hatten sich beeilt, ihnen zu entkommen. Im Amtszimmer hatte der Bürgermeister sogar die Tür abgeschlossen. „Wir können hier keine Fremden brauchen", hatte er gemeint und bei seiner Sekretärin zwei Tassen Kaffee und Wasser bestellt.

Kurze Zeit später lagen sich Bürgermeister und Beigeordneter heftig in der Wolle. Glücklicherweise waren Wände und Türen so dick, dass man auf den Fluren des Rathauses nichts verstehen konnte. Außer dem einen oder anderen Wort drang nichts nach draußen.

"Wie kannst du einfach so verschwinden und uns nichts sagen. Das ist ein Grund für ein Dienstaufsichtsverfahren[16] gegen dich. Ist dir das klar?" Karl-Heinz Metzger versuchte erst gar nicht seinen Ärger zu verbergen. "Dann kommst du hier reingeschneit und schnauzt mich an wie ein kleines Kind."

"Nein, nicht wie ein kleines Kind. Wie einen Riesendummkopf habe ich dich angeschnauzt – und das zu Recht. Bevor du mir eine Dienstaufsichtsbeschwerde[16] an den Hals hängst, bist du wegen fahrlässiger Amtsführung schon vom Dienst suspendiert[16]!" Während er sprach, knallte Robert Schultz zwei dicke Aktenordner auf den Schreibtisch.

"Hier, das sind die fehlenden Akten zum Bauantrag für das Einkaufszentrum. Hättest du die etwas genauer durchgelesen, wäre dir sicher aufgefallen, dass wir es mit einem völlig unseriösen Kaufmann zu tun haben. Es gibt gerade einmal zwei sichere Zusagen für Geschäfte, und das für ein Zentrum, in dem rund dreißig Läden Platz haben sollen. Keine Bank hat klare Kreditzusagen gemacht. Das hätte dir auffallen müssen. Nur vage Überlegungen finden sich in den Akten. Hier will einer städtisches Geld abkassieren. Wenn man die Unterlagen von vorne bis hinten durchliest, bleibt nur eins: Man erkundigt sich bei Polizei oder Staatsanwaltschaft, ob der gute Herr Meyer vielleicht bekannt ist. Und siehe da: Er ist bereits vorbestraft wegen Steuerhinterziehung. Es wird wegen Betrugs gegen ihn ermittelt. Er muss mit Pfändungen[17] rechnen, sobald große Summen auf seinem Konto landen. Bestenfalls will er mit dem Einkaufszentrum einen neuen Versuch starten, aus seinem Schlamassel herauszukommen. Schlimmstenfalls setzt er seine Betrügereien auf Kosten von Wildenburg fort."

Robert Schultz musste nach Luft schnappen. Er stand auf und ging ans Fenster. Nach kurzem Schweigen wandte er sich wieder Karl-Heinz Metzger zu und fragte: „Hast du dazu nichts zu sagen?"

Sichtlich unruhig setzte Metzger zu einer Antwort an – und brach dann ab. Etwas kleinlaut antwortete er schließlich: „Ich habe ein riesiges Ressort[18]. Finanzen, Bauen und Verkehr. Da übersieht man auch mal etwas."

„Spinnst du? Es darf einem nichts durchgehen. Wir haben zugesagt, das Grundstück so günstig wie möglich zu verkaufen und außerdem eine Förderung von 500.000 Euro für Investoren in Aussicht gestellt. Du weißt doch selber, wie viel Geld das ist, und dass es für Wildenburg nicht leicht ist, eine solche Summe zur Verfügung zu stellen. Das darf einfach nicht passieren!"

Metzger seufzte: „Ja, du hast ja recht. Ich habe wohl zu sehr auf meine Mitarbeiter gesetzt und selber nicht genau genug hingeschaut. Weißt du, nicht nur ich hatte seit Beginn der Planungen für das Zentrum das Gefühl, dass du es unbedingt durchsetzen willst. Vielleicht ist das ein Grund ..."

Der Bürgermeister schüttelte den Kopf. „Du meinst, dass sich keiner getraut hat, auf die Probleme hinzuweisen, weil alle dachten, der Bürgermeister will dieses Einkaufszentrum – egal was ist?"

Metzger nickte: „Ja, es war schon ordentlich Druck im Kessel."

„Hm, eine Entschuldigung ist das aber trotzdem nicht." Robert Schultz' Stimme klang jetzt versöhnlicher und er fragte: „Wie viel Geld haben wir eigentlich als Verwaltung schon in das Projekt gesteckt?"

„Wir haben das alte Fabrikgelände gekauft und Arbeitsstunden in meinen Ämtern eingesetzt. Ansonsten ist noch kein Geld geflossen", antwortete Metzger.

Der Bürgermeister atmete sichtlich erleichtert auf und ging zurück an den Schreibtisch. Im Vorbeigehen klopfte er dem Beigeordneten auf die Schulter. „Dann ist ja noch alles zu retten. Das Grundstück gehört uns noch und Arbeitszeit gehört nun mal zu den ganzen Prüfungen. Ok. Als Erstes vergessen wir beide die Dienstaufsichtsbeschwerden. Hast du etwas dagegen, wenn meine Sekretärin gleich den Urlaubsantrag in meinem Kalender findet, den ich dummerweise nicht abgegeben hatte?"

Karl-Heinz Metzger zwinkerte mit den Augen. „Nein. Wenn du nichts dagegen hast, dass ich am Montag den

Mitgliedern des Finanz- und des Wirtschaftsausschusses mitteile, dass wir die Pläne des Einkaufszentrums neu bewerten müssen."

Der Bürgermeister stemmte sich mit den Händen auf seinen Schreibtisch und nickte. „Ja, das machen wir. Aber wir besprechen übers Wochenende, wie wir weiter vorgehen. Ich möchte auf jeden Fall alle Vorsitzenden der Fraktionen im Gemeinderat informieren." Er streckte sich und gähnte herzhaft. „Mann, das Leben ist anstrengend. Ich will nach Hause."

Dieses Mal wurde Metzger energisch: „Nein, nein. Frau Mühlen muss doch noch den Urlaubsantrag finden – und du wirst das Missverständnis der Presse gegenüber klären."

Der Bürgermeister nickte, öffnete die oberste Schublade seines Schreibtisches und fischte ein Formular heraus. Zehn Minuten später verließ er das Rathaus mit dem Auto, ohne die Journalisten gesprochen zu haben. Das übernahm wieder der Pförtner.

Krach beim Bürgermeister

Am Samstag herrschte gedrückte Stimmung am Frühstückstisch. Missmutig biss Julia in eine Scheibe Toast und gab sich große Mühe, ihrem Vater nicht in die Augen schauen zu müssen. Der Bürgermeister seinerseits blätterte geräuschvoll durch die Zeitung.

Nach einer Weile stupste Robert Schultz seine Tochter an: „Hier schau mal, da ist ja doch noch ein Artikel zu eurer Übergabe der Unterschriften." Er reichte Julia eine Seite rüber und wies auf eine kleine Spalte. Auf rund zwölf kurzen Zeilen beschrieb ein Journalist die Übergabe des Einwohnerantrags mitsamt den notwendigen Unterschriften an die stellvertretende Bürgermeisterin. Worum es genau ging, wurde nur in einem Satz erwähnt. Außerdem gab es kein Foto zu der kurzen Notiz.

„Toll!", sagte Julia ironisch, „dafür wird ja breit über deine Rückkehr berichtet. Du bist wohl vollkommen übergeschnappt. Hättest du nicht noch einen Tag abwarten können? Wäre doch vollkommen egal gewesen, ob du nun acht oder neun Tage weg gewesen wärst." Julias Stimme überschlug sich. Auch eine beruhigende Geste der Großmutter konnte sie nicht freundlich stimmen. Sie knallte ihr Messer auf den Tisch und verabschiedete sich mit den Worten „Du bist ein Superidiot!" vom Frühstück.

Als sie gerade durch die Küchentür gehen wollte, hielt der Vater sie zurück. „So nicht, meine Liebe!" Auch der Bürgermeister kochte nun vor Wut. „Ich habe meine Gründe. Ich musste zum richtigen Zeitpunkt meinen Leuten in der Verwaltung sagen, dass mein wichtigstes Projekt, das Einkaufszentrum, nicht richtig läuft. Es war nicht möglich, noch länger zu warten."

Er zog seine Tochter zurück an den Esstisch. Sie unterhielten sich noch eine ganze Weile. Am Schluss lag ein großes Blatt mit einer Reihe von Aufgaben, die Julia und ihr Vater erledigen wollten, auf der Tischplatte.

„Ok." Robert Schultz erhob sich und zeigte auf das Blatt: „Ich rufe jetzt bei Frau Katzmann und den Vorsitzenden der Fraktionen an. Du verabredest dich mit deinen Klassenkameraden und Frau Schöne."

„Wie ist das eigentlich nächste Woche, wenn der Typ von der Trainingsstrecke nur vormittags kann – entschuldigst du mich dann für den Unterricht?" Jetzt lächelte Julia ihren Vater keck an.

„Abwarten. Ich bin sicher, dass er für meine Idee auch noch nachmittags Zeit hat."

Der Rest des Samstagvormittags verging mit Telefonaten. Gegen Mittag verabschiedete sich Julia. Sie traf sich mit den anderen in der Eisdiele von Carlas Eltern. Auch Frau Schöne stieß dazu.

Alle waren enttäuscht von dem kurzen Bericht in der Zeitung. Der Wildenburger Radiosender hatte auch nur eine kleine Meldung gebracht, wusste Mesut. Doch die Stimmung erhellte sich, sobald Julia von den Verabredungen mit dem Vater erzählte.

Die Gruppe sollte sich für den folgenden Donnerstag vorbereiten. „Mein Vater will eine dringliche Sitzung des Hauptausschusses[19] einberufen", berichtete Julia mit einem wichtigen Ton in der Stimme: „Papa sagt, dass der den Stadtrat ersetzen kann oder so."
„Wie geht das denn?", fragte Frau Schöne.
„Keine Ahnung. Jedenfalls sollen wir schon am Donnerstag unseren Antrag dort vorstellen dürfen."
„Cool!", entfuhr es Pia, „vielleicht kommen wir dann doch noch in die Zeitung."
Die anderen nickten. Bei großen Eisbechern und viel Getuschel begannen sie darüber zu sprechen, was sie sagen sollten. Am Ende bekam Frau Schöne eine Hausaufgabe: Sie sollte eine Rede schreiben, die die Viertklässler abwechselnd bei der Sitzung vortragen sollten.

Als Julia nach Hause kam, saß der Bürgermeister noch mit den Fraktionsvorsitzenden und der Bürgermeisterin Christine Katzmann in seinem Arbeitszimmer.
Der Chef der Roten Fraktion schüttelte den Kopf. „Das hätte doch viel früher auffallen müssen! Die Planungen für das Einkaufszentrum sind schon so weit fortgeschritten." Fast alle anderen stimmten ihm zu. Robert Schultz gab kleinlaut zu, dass seine Verwaltung bei dieser Frage nicht gut gearbeitet habe.
„Vielleicht war ich selber so überzeugt, dass andere sich nicht mehr getraut haben, mir zu widersprechen." Er machte eine Pause und blickte in die Runde. „Aber noch ist ja nichts schief gegangen. Wir können alles noch stoppen und über andere Ideen nachdenken."

Aus einem kleinen Rollcontainer unter seinem Schreibtisch fischte er die Pläne für das Einkaufszentrum und für die Motorsport-Trainingsstrecke heraus. Beide breitete er auf der Tischplatte aus und winkte seine Gäste heran.

„Was willst du uns zeigen?", fragte Christine Katzmann. „Wir kennen doch alle die Pläne. Übrigens, keiner der beiden wurde beschlossen, da deine Stimme bei der Ratssitzung fehlte."

„So ist es", pflichtete der Vorsitzende der Schwarzen Partei der stellvertretenden Bürgermeisterin zu.

„Gott sei Dank, so haben wir eine Denkpause geschenkt bekommen", widersprach dagegen die Vorsitzende der Grünen Partei. Auch die Vorsitzende der Gelben Partei nickte.

„Vielleicht", sagte Bürgermeister Schultz mit leiser, bedeutungsvoller Stimme, „vielleicht lassen sich die Planungen der beiden Projekte etwas verändern und miteinander verbinden?"

Unter den Ratspolitikern brach Unruhe aus. „Wie soll das gehen?", fragten mehrere gleichzeitig. Doch schon kurze Zeit später wurde es ruhiger im Arbeitszimmer. Konzentriert besprachen die Ratsherren und Ratsfrauen Möglichkeiten für neue Baupläne.

Zum Schluss klatschte Robert Schultz einmal kräftig in die Hände. „Prima. Ich denke, dass man mit der Interessengruppe Motorsport sprechen kann. Herr Metzger soll das am Montag angehen. Und wir alle sehen uns spätestens am Dienstag wieder."

Er begleitete seine Gäste an die Haustür. Beim Abschied wandte sich Christine Katzmann noch an den Bürgermeister: „Wie kommt es eigentlich, dass dich keine Journalisten

belagern? Die wollen doch bestimmt mehr über deinen Urlaub wissen?"
　Robert Schultz nickte: „Ja, das wollen sie tatsächlich. Ich habe heute früh die Redaktionen angerufen und ihnen für 17 Uhr eine Erklärung im Rathaus angeboten."
Er schaute auf seine Armbanduhr.
„Das bedeutet, dass ich mich jetzt beeilen muss."

Pläne werden geschmiedet

Bürgermeister Schultz und der Beigeordnete Metzger hatten den Investor für die Motorsport-Trainingsstrecke, Walter Herbst, zu einer Besprechung ins Rathaus eingeladen. „So einfach, wie Sie sich das vorstellen, geht es leider nicht." Walter Herbst runzelte die Stirn und schüttelte dabei den Kopf. Die drei Männer hatten auch über den Einwohnerantrag der Schülerinnen und Schüler gesprochen. „Obwohl, vielleicht findet sich ja doch eine Lösung." Herbst suchte in seinem Handy nach einer Telefonnummer. „Sie erlauben?", fragte er seine Gesprächspartner. Diese nickten.

Als Herbst aufgelegt hatte, unterbreitete er einen Vorschlag. „Was halten Sie davon, wenn ich noch vor der Sitzung des Hauptausschusses mit meinen Partnern rede und wir sehr kurzfristig einen Termin mit der Schulklasse und der Gemeinschaft der Händler machen?"

„Sehen Sie denn eine Möglichkeit, Ihre Pläne für die Trainingsstrecke zu ändern?", wollte Kämmerer[20] Metzger wissen. „Es ist doch alles schon in trockenen Tüchern – insbesondere die Zuschüsse des Landes."

Herbst nickte: „So ist es. Deswegen brauchen wir ja dringend den Beschluss des Stadtrates. Ich habe mit Leuten aus dem Wirtschaftsministerium gesprochen. Die sind mit einem weiteren Monat Verzug einverstanden. Ob sie allerdings eine Umplanung akzeptieren, weiß ich nicht. Ich selber würde lieber von einer Ergänzung unseres Investitionsvorhabens – oder besser noch von einem zweiten Projekt – sprechen. Wenn Sie bereit sind, die in Aussicht gestellten städtischen Gelder für das alte Fabrikgelände aufrecht zu erhalten, könnte ich mir vieles vorstellen."

Zufrieden rieb sich Bürgermeister Schultz die Hände, nachdem er Walter Herbst verabschiedet hatte. An Herrn Metzger gewandt meinte er: „Jetzt haben wir viel zu tun – und unsere politischen Partner aus der Marktschule auch."

Er warf einen Blick auf die Uhr und entschloss sich, die Klasse seiner Tochter zu besuchen.

Trotz des überraschenden Besuchs zeigten sich alle Schülerinnen und Schüler sehr froh über den Gast. Auch Frau Bauer erklärte sich schnell bereit, den Unterricht umzustellen. Und das nicht allein für eine Stunde. Es stellte sich nämlich heraus, dass der Bürgermeister eine große Hausaufgabe für die Kinder hatte. Zur Sitzung des Hauptausschusses sollten Vertreter der Klasse den Ratspolitikern den Einwohnerantrag vorstellen.

„Ihr habt Zeit bis Donnerstag", erklärte Robert Schultz den aufmerksam zuhörenden Schülerinnen und Schülern, „aber ihr müsst euch gut vorbereiten."

Frau Bauer seufzte und zuckte mit den Schultern: „Ich habe verstanden, wir werden unsere Zeit mit der Vorbereitung verbringen. Das ist ja ein bisschen wie Deutsch- und Sachunterricht in einem. Aber sollen denn alle am Hauptausschuss teilnehmen?"

Robert Schultz zuckte mit den Schultern: „Das müssen Sie entscheiden. Aber es ist sicher ganz interessant, einmal eine Ausschusssitzung zu verfolgen. In der Regel wird dort offener diskutiert als in einer Ratssitzung", erklärte er.

An die Klasse gewandt ergänzte der Bürgermeister: „Wenn ihr euch bis Donnerstag beratet, dann denkt daran, dass nicht alle von eurer Idee eines Freizeitparks begeistert sein werden. Außerdem solltet ihr überlegen, was euch besonders wichtig ist."

Der Bürgermeister erinnerte an den Windkanal, von dem alle Kinder so begeistert gewesen waren.

„Vielleicht gibt es ja andere gute Ideen. Und schließlich solltet ihr daran denken, dass mit dem Bau des Einkaufszentrums ein Kino geplant war. Das wäre für Wildenburg auch nicht schlecht."

Ein großer Teil der Schulzeit zwischen Montag und Donnerstag verging mit den Vorbereitungen für die Sitzung des Hauptausschusses im Rathaus. Heftig diskutierte die Klasse die wichtigen Fragen: Welches waren wohl die überzeugendsten Argumente und wer sollte sie vortragen? Schließlich musste auch Frau Schöne über die neue Situation informiert werden.

„Puh", meinte Falk auf dem Nachhauseweg zu Jan, „ich hätte nicht gedacht, dass Politik machen so spannend ist."

Pläne werden umgesetzt

Kurz nach 16 Uhr am Donnerstag betraten Bürgermeister Schultz, der Kämmerer Metzger und die Beigeordnete Schneider den Besprechungsraum, in dem schon Walter Herbst, Waltraud Schöne und die drei aus der Marktschule sowie natürlich all die Ratsmitglieder saßen, die dem Hauptausschuss angehörten. Der Bürgermeister begrüßte alle förmlich und bat um Entschuldigung für die Verspätung. Dann begann er mit einer kurzen Präsentation der bisherigen Pläne für das Einkaufszentrum, die Trainingsstrecke für den Motorsport sowie die relativ kleine Grünfläche, die er bei seinem ersten Besuch in der Schule als mögliches Grundstück für einen Freizeitpark angeboten hatte. Dabei wurden über einen Laptop und einen Beamer mehrere Darstellungen auf eine Leinwand projiziert. Darunter einige Zahlen. Mit seinem Pointer wies der Bürgermeister auf eine Zahl: 500.000 Euro. „Das ist die Summe, mit der die Stadt Wildenburg den Bau des Einkaufszentrums unterstützen würde. Was immer auch passieren sollte – mehr Geld können wir nicht zur Verfügung stellen."

Dann gab er den Kindern und Waltraud Schöne das Wort. Alle vier standen auf und stellten sich den Mitgliedern des Ausschusses mit Namen vor. Mesut erzählte vom Ausflug, mit dem vor Wochen alles angefangen hatte. Pia und Julia ergänzten ihn und berichteten über den Besuch des Bürgermeisters in der Klasse, die Pläne, die sie gesehen hatten und die Ratssitzung. Schließlich erläuterte Frau Schöne ihre Skepsis gegenüber dem Einkaufszentrum und die Idee zu dem Einwohnerantrag: „Die kleinen Geschäftsleute in Wildenburgs Innenstadt haben einfach Sorge, dass sie mit einem großen Einkaufszentrum nicht mithalten können. Wir sehen uns in unserer Existenz bedroht. Von einem interessanten Wissens- und Freizeitpark versprechen wir uns dagegen neue Kunden. Wer schon einmal hier ist, der geht auch essen und entdeckt dabei vielleicht das ein oder andere schöne Fachgeschäft." Die Feinkosthändlerin war kaum zu stoppen.

„Ja, danke, Frau Schöne", unterbrach der Bürgermeister sie schließlich. „Ich denke, alle haben Ihr gemeinsames Anliegen verstanden." Er machte eine Pause und blickte in die Runde. „Gibt es von den Ratsmitgliedern Fragen an die Antragsteller oder Meinungen dazu?"

Nacheinander hoben sich die Hände. Aus allen Fraktionen wollten sich einzelne Ratsmitglieder äußern. Die Vertreterin der größten Fraktion, der Schwarzen Partei, durfte als Erste sprechen. An die Schulkinder gewandt sagte sie: „Ich finde es sehr mutig, dass ihr euch so für euer Anliegen einsetzt. Trotzdem habe ich Zweifel, ob es realisierbar ist. Ich kenne keinen Freizeitpark, der mitten in der Stadt liegt. Wahrscheinlich hat das gute Gründe: zu viel Verkehr und zu wenig Parkplätze, Lärm und so weiter. Die finanziellen Fragen wären außerdem zu klären. So ein Park muss sich rechnen. Tut er das nicht, laufen wir Gefahr, in kürzester Zeit eine Geisterstadt in der Stadt zu haben. Ich sehe noch keinen Weg, wie wir euren Vorstellungen entgegenkommen können."

Die Meinungen der anderen Fraktionen waren ähnlich. Immer wieder wurden die schwierige Verkehrslage und die Finanzen angesprochen. Eine Rednerin erläuterte, dass mit der Rennstrecke ja bereits eine Attraktion in die

Stadt käme, die für Touristen interessant sei. Eine weitere würde ihrer Auffassung nach nur schlecht in die Landschaft passen.

„Außerdem", merkte ein Vertreter der Roten Fraktion an: „außerdem dürfen wir nicht vergessen, dass im Einkaufszentrum auch ein modernes Kino vorgesehen war. Das ist nicht zu verachten."

Mesut, Pia und Julia schauten sich ratlos an. Julia presste die Lippen fest zusammen, um nicht wütend aufzuschreien. Mit guter Hoffnung war sie am Morgen mit den anderen ins Rathaus aufgebrochen. Doch jetzt schien alles umsonst gewesen zu sein.

Pia neigte sich zu ihr und flüsterte ihr ins Ohr: „Frau Bauer hat heute Morgen gesagt, dass wir immer ruhig bleiben sollen und die Politiker mit ihren eigenen Waffen schlagen sollen. Weißt du noch?" Julia nickte. „Hast du verstanden, was sie meinte?" Julia schüttelte den Kopf.

Im Ausschuss ging die Diskussion weiter. Mittlerweile sprach ein Vertreter der Gelben Fraktion: „Deswegen, letzter Satz, Herr Bürgermeister, wir können einen solchen Vorschlag nicht so ohne Weiteres annehmen. Wir müssen die Gesamtzusammenhänge sehen."

„Zusammenhänge" – Julia konnte das Wort kaum noch hören. Immer wenn irgendetwas nicht ging, benutzte ihr Vater das Wort auch. Doch was bedeutete es eigentlich? Julia wurde stutzig: „Was ist eigentlich, wenn man einmal andere Zusammenhänge betrachtet?", fragte sie laut in den Saal.

Robert Schultz sah seine Tochter an und mahnte: „Die Regeln gelten auch für dich. Erst melden und abwarten, dass ich das Wort erteile. Willst du noch etwas sagen?"

„Ja, möchte ich." Julia klang nun sehr bestimmt. Sie holte tief Luft. „Ich frage mich gerade, ob man nicht andere Zusammenhänge sehen kann. Sie haben alle von dem Zusammenhang unseres Vorschlags mit dem Autoverkehr gesprochen. Aber vielleicht gibt es ja auch einen anderen. Wenn Erwachsene sich für Motorsport interessieren und nach Wildenburg kommen, was machen denn dann ihre Kinder solange? Vielleicht kommen ja gar nicht so viele, wie Sie immer denken, wenn nichts da ist, was auch die Kinder interessiert."

Frau Schöne nickte anerkennend und klopfte auf den Tisch.

Jetzt meldete sich Walter Herbst zu Wort. Zum Erstaunen der Kinder nahm der Bürgermeister ihn nicht gleich dran. Er fragte die Ratsmitglieder zunächst, ob sie einverstanden seien, wenn er Walter Herbst das Wort erteile. Alle nickten.

„Darüber habe ich auch schon nachgedacht. Unsere Firma erhält von der Landesregierung einen Zuschuss für unser Projekt – sofern der Stadtrat den Planbeschlüssen, die vor zehn Tagen nicht gefällt wurden, doch noch zustimmt." Walter Herbst räusperte sich. „Bisher wussten wir nicht, dass die kleine Grünfläche auch zur Verfügung steht. Sie liegt zwar ein ganzes Stück entfernt, würde sich aber für eine Kartbahn eignen. Sie wissen ja, das sind die kleinen Rennwagen, auf denen Michael Schumacher seine ersten Runden gedreht hat."

Eine Frau von der Grünen Fraktion schüttelte den Kopf und rief dazwischen: „Die sind doch viel zu laut!"

„Nun", antwortete Herbst „das stimmt, aber wir würden ja eine Halle bauen. Unzumutbare Lärmbelästigung ist dann auszuschließen." Er machte eine kurze Pause. „Das wäre unser Angebot in Richtung Freizeitpark. Die Firma, für die ich tätig bin, ist nun einmal im Bereich des Motorsports tätig."

Nach dieser Bemerkung meldeten sich wieder mehrere Ratsmitglieder. Der letzte schlug vor: „Meine Damen und Herren, Herr Bürgermeister, ich glaube, dass wir momentan nicht weiterkommen. Ich würde bitten, dass wir uns vertagen[21]. Bis wir irgendetwas abstimmen können, brauchen wir konkrete Pläne. Herr Herbst, verzeihen Sie, Ihre Idee klingt für mich spontan reizvoll. Aber die Kollegin von der Grünen Fraktion hat mit ihrem Zwischenruf auf einen wichtigen Punkt aufmerksam gemacht. Ich würde daher vorschlagen, dass die Verwaltung alle Vorschläge, die jetzt auf dem Tisch liegen, gemeinsam betrachtet. Dann können wir beschließen."

Robert Schultz nahm den Vorschlag dankbar auf: „Ja, danke schön. Ich würde Ihnen vorschlagen, dass wir uns in zwei Wochen wieder im Hauptausschuss zusammensetzen. Bis dahin können wir Ihnen zumindest einen groben Vorschlag und einen Fahrplan für die weiteren Schritte vorstellen. Ich schließe ..."

„Was bedeutet das denn jetzt für unseren Einwohnerantrag?" Dieses Mal hatte Mesut unaufgefordert dazwischengeredet.

„Ganz einfach: Er gehört zu den vielen Punkten, die wir beraten", antwortete der Bürgermeister. „Wir werden versuchen, so viel wie möglich umzusetzen. Eins verspreche ich euch aber: Ihr werdet weiterhin mitreden dürfen. So, jetzt schließe ich aber die Sitzung. Ich darf die Vorsitzenden aller Fraktionen noch einmal für zehn Minuten in mein Büro bitten."

Hinter verschlossenen Türen verriet der Bürgermeister den Vorsitzenden, dass er während der Sitzung eine Nachricht auf seinem Handy erhalten habe, nach der der Investor Meyer wegen dringenden Verdachts auf Betrug und Steuerhinterziehung inzwischen festgenommen worden sei. Er selber habe daher dem Beigeordneten Metzger den Auftrag erteilt, alle Genehmigungsverfahren für das Einkaufszentrum zu stoppen.

Unterdessen berieten die drei Kinder, ob sie noch in die Schule zurückkehren sollten. „Ich glaube, dass ihr jetzt sofort euren Klassenkameraden von unserem Erfolg erzählen solltet", ermunterte Waltraud Schöne die drei. „Wieso Erfolg?", wollte Mesut wissen.

„Na, überleg doch mal: Unsere Ideen sollen auf jeden Fall berücksichtigt werden, hat der Bürgermeister gesagt. Zu unseren Ideen gehört, dass es kein so großes Einkaufszentrum geben soll und dass Wildenburg einen Wissenschafts- und Freizeitpark erhalten soll. Ich weiß natürlich auch nicht, was davon kommen wird, aber wir dürfen weiter mitreden. Das ist eine ganze Menge!" Waltraud Schöne hielt den Kindern ihre hochgehobene, flache rechte Hand hin. „Give me five!", rief sie und klatschte alle nacheinander ab.

Der Bürgermeister hält Wort

Nein, genau genommen hat er nicht ganz Wort gehalten. Denn anders als in der Sitzung des Hauptausschusses angekündigt, gab es zwei Wochen später keine weitere Sitzung. Stattdessen lud die Stadtverwaltung Wildenburg zu einer Bürgerinformationsveranstaltung in die Kulturhalle.

Darüber hatten Julia und ihr Vater heftig gestritten: „Wieso machst du das?", fragte sie lauter als gewöhnlich. „Weil ihr nicht alleine in der Stadt seid", antwortete der Bürgermeister immer und immer wieder. „Es gibt über 35.000 Wildenburger Bürgerinnen und Bürger, meine Liebe. Die haben auch alle Wünsche. Die können wir weder einfach erfüllen noch ignorieren."

„Pah!", antwortete sie wütend. „Die haben sich aber nicht alle mit so einer guten Idee wie wir gemeldet."

„Nein, haben sie nicht. Das heißt aber nicht, dass ich sie einfach übergehen darf. Überleg doch, der Bürgermeister ist dein Vater. Wenn der jetzt einfach nur etwas tut, weil seine Tochter das möchte, dann sagen sehr schnell sehr viele Leute ..."

„... dass du nur deine Privatinteressen berücksichtigst", führte Julias Oma den Satz zu Ende. „Dein Vater hat Recht. So einfach, wie du dir das vorstellst, geht es nicht. Ich bin ja auch noch da, und ich finde, dass bei all euren Vorschlägen meine Generation gar nicht vorkommt. Was ist mit altengerechten Freizeitmöglichkeiten? Oder noch wichtiger: mit altengerechten Wohnungen? Solche, ohne Stufen in der Dusche und mit Aufzug, damit man möglichst lange selbstständig leben kann. Nur so als Beispiel!"

Julia begriff langsam, dass ihr Vater wohl recht hatte. Wütend war sie dennoch: Trotzig warf sie sich auf die

Couch im Arbeitszimmer des Vaters. „Ist ja gut. Dürfen wir denn bei dieser Bürgerversammlung unseren Antrag auch vorstellen?"

„Ja", antwortete der Bürgermeister, „aber nur kurz. Ich werde für die Verwaltung darstellen, was wir an drängenden Bedürfnissen für unsere Stadt Wildenburg ausgemacht haben. Dann sollen alle die Gelegenheit bekommen, ihre Meinung dazu zu sagen. Wenn es gut läuft, bekommen wir noch viele gute Anregungen, die wir dann in der Planung berücksichtigen können. Einverstanden, kleine Bürgermeisterin?"

„Schon gut!", brummte Julia.

Bürgerinformationsversammlung

„Der Abend ist so langweilig wie sein Name!" Mesut schimpfte leise vor sich hin. Um ihn herum stimmten die anderen Kinder zu. Dieses Mal begleiteten die meisten das Politik-Trio. Zur Einstimmung hatten Carlas Eltern noch allen eine Kugel Eis spendiert. Jetzt saßen sie alle in der Kulturhalle, in der 400 Personen Platz hatten. Die Halle war bis auf den letzten Platz gefüllt.

Der Bürgermeister stellte vorne auf der Bühne den vielen Erwachsenen und insgesamt wenigen Kindern vor, wie die Stadt Wildenburg sich in den nächsten Jahren entwickeln werde. Es war die Rede davon, dass immer mehr Menschen sehr alt werden. Diese brauchten besondere Wohnungen, die es in Wildenburg nicht gebe. Außerdem sei es wichtig, dass der alteingesessene Handel in der Innenstadt Unterstützung bekomme. In diesem Zusammenhang sprach er von Tourismus und Freizeit, erwähnte die Trainingsstrecke und den Vorschlag für eine Kartbahn für jedermann sowie die Vorschläge der Schülerinnen und Schüler der Marktschule für einen Wissens- und Freizeitpark.

Im Rückblick sprach Robert Schultz noch einmal das Einkaufszentrum an und erntete aufgeregte Buhrufe und einige Pfiffe, bevor er beschwichtigend erklärte, dass er selber sich bereits gegen das Zentrum ausgesprochen habe.

Auch jetzt gab es Zwischenrufe. „Sie haben Zeit vergeudet. Mit der blöden Idee vom großen Zentrum wurden andere gute Ideen erstickt", rief ein großer, recht fülliger Mann mit Bart aus dem Publikum.

„Ja, Sie haben recht", bestätigte Schultz, „aber nun suchen wir ja nach einer besseren Alternative und möchten dazu Ihre Meinung hören."

Fast drei Stunden dauerte die Versammlung. Aus dem Publikum kamen sehr unterschiedliche Meinungen. Doch mit der Zeit zeigte sich, dass viele Wildenburger die Sache mit den altengerechten Wohnungen mitten in der Stadt ganz gut fanden. Einen großen Freizeitpark wollten nur wenige. Doch zum Erstaunen der Kinder lehnte niemand ihre Idee komplett ab.

„Muss es denn gleich ein ganzer Freizeitpark sein?", fragte ein älterer Mann. „Ich bin schon alt, aber ich möchte nicht nur mit anderen Alten zusammen wohnen. Kann man nicht ein Wohnquartier schaffen, wo alte und junge Menschen zusammen leben? Und mittendrin ein kleines Erlebniszentrum, wo man sich treffen und etwas unternehmen kann?" Der Mann schnappte nach Luft und fuhr fort: „Außerdem finde ich, dass es Wildenburg gut tut, wenn es ein paar Geschäfte mehr gäbe – es muss ja nicht gleich ein Riesenzentrum sein, wie es die in anderen Städten auch gibt." Er setzte sich und lächelte – offenbar freute er sich über den aufbrandenden Applaus.

„Wissen Sie, was er sagen wollte?" Julia wandte sich an Waltraud Schöne. Die schien gar nicht erfreut und schüttelte den Kopf.

Vorne nutzte der Bürgermeister die Gelegenheit, um eine Zwischenbilanz der Diskussion zu ziehen: „Nach Ihren Äußerungen sehe ich Zustimmung für eine Umplanung des alten Industriegeländes. Darf ich Ihrem Applaus entnehmen, dass Sie ein kleines Einkaufszentrum im

Rahmen eines neuen Wohnquartiers gut fänden?" Im Saal klatschten viele als Zeichen der Zustimmung.

Robert Schultz nickte und setzte fort: „Gut. Ich habe keinen Widerspruch zur Kartbahn gehört. Bleibt es dabei?" Er machte eine Kunstpause und blickte sich im Saal um. Kein Widerspruch – bis auf eine Hand, die sich hob. Schultz erteilte der Person das Wort.

„Ich habe nichts gegen die Kartbahn", sagte ein junger Mann. „Ich bin Physiker und finde die Idee für einen Wissenspark richtig gut. Wenn es in Wildenburg keine Möglichkeiten für einen großen Park gibt, kann man sich doch vielleicht auf ein Thema konzentrieren. Ein Wissenspark rund um Fortbewegung, Autos, Elektroautos, mit Computersimulationen und einer – vielleicht kleineren – Kartbahn. Dann könnte man Lernen und Spaß haben kombinieren."

Für diesen Beitrag gab es viel Applaus und der Bürgermeister hatte Mühe, den Saal wieder zur Ruhe zu bringen. Auch die Kinder wurden wieder aufmerksamer. Das klang nach einem guten Vorschlag. Mesut stieß Pia und Julia an und meinte: „Wir sollten jetzt was sagen", meinte er. „Ja, mach doch!", antworteten die Mädchen.

Mesut meldete sich und wurde gleich drangenommen: „Ich wollte nur sagen, dass wir die Idee gut finden", rief er in den Saal.

„Ok. Was sagen die anderen Initiatoren des Einwohnerantrags?", wollte der Bürgermeister wissen.

Jetzt ergriff Julia das Wort: „Na ja, als wir die Idee zu einem Wissens- und Freizeitpark hatten, haben wir uns schon so eine Riesennummer vorgestellt wie den Park in Wetterstedt. Deswegen haben wir uns ja die ganze Mühe mit dem Einwohnerantrag und so gemacht. Aber dafür gibt es ja wohl keine Mehrheit, wie du immer sagst." Julia sprach ihren Vater nun direkt an.

Der Bürgermeister nickte und sagte: „Danach sieht es aus." Freundliches Lachen im Saal.

„Gut. Dann sagst du auch immer, dass wir Kompromisse machen müssen. Wir finden, dass ein kleiner Technik- und Freizeitpark ein guter Kompromiss wäre." Herausfordernd sah Julia ihren Vater an. Der wusste einen Augenblick nichts zu sagen, um sich dann aber sofort an die versammelten Wildenburger zu wenden: „Dann bitte ich um Meinungsäußerungen." Der Applaus im Saal signalisierte große Zustimmung.

„Danke. Ich danke Ihnen für Ihr Kommen und Ihre Geduld im Laufe der Veranstaltung. Nach diesem Ergebnis werden wir in der Verwaltung die Planung für die freie Fläche in unserer Innenstadt neu beginnen und die Voraussetzungen für die Trainingsstrecke sowie einen kleinen Technik- und Freizeitpark schaffen. Sobald wir soweit sind, erste Ergebnisse präsentieren zu können, werde ich erneut zu einer Versammlung einladen."

Jetzt gab es nur noch wenig Applaus. Viele Teilnehmer waren schon aufgestanden und gegangen.

Kaffeekränzchen

Am Sonntag nach der Bürgerversammlung hatte der Bürgermeister Britta Klein zum Kaffee eingeladen. Die Polizistin kam pünktlich und brachte einen großen selbstgemachten Käsekuchen mit. Zu viert saßen sie in der Küche und unterhielten sich über den Investor Meyer. Britta Klein wusste zu berichten, dass nun Anklage wegen Steuerhinterziehung und versuchten Betrugs gegen ihn erhoben werden sollte.

„Hoffentlich sitzt der eine Weile ein", sagte der Bürgermeister.

„Na, vorsichtig mein Lieber", entgegnete die Polizistin, „du hast dich ja auch einfach vom Dienst entfernt. Hat das keine Konsequenzen?"

Robert Schultz errötete leicht: „Ja, nein, äh, der Kämmerer Metzger wollte zuerst wirklich Dienstaufsichtsbeschwerde einlegen. Aber ohne die Auszeit hätte ich nicht die Ruhe gehabt, die Unterlagen zum Einkaufszentrum so intensiv zu studieren. Außerdem war es die einzige Möglichkeit, das Patt im Stadtrat und damit die Nicht-Annahme der schon fertigen Vorschläge hinzubekommen", verteidigte er sich.

„Na ja, was soll's? Deine Sekretärin hat ja glücklicherweise den Urlaubsantrag gefunden", beendete Oma das Thema.

Sie stellte eine Tasse Kakao und drei Tassen Kaffee auf den Tisch. „Wir können jetzt essen und trinken."

„Ihr wart ja richtig erfolgreich mit eurem Einwohnerantrag", begann Britta Klein ein neues Gespräch mit Julia.

Die nickte mit vollem Mund. „Hätte ich nicht gedacht", sagte sie etwas undeutlich, „nur schade, dass wir keinen

Windkanal bekommen, wo wir so schön fliegen können wie in Wetterstedt."

„Man kann eben nicht alles haben", kommentierte Robert Schultz. „Hauptsache, es wird jetzt wieder etwas ruhiger und wir können in der Stadtverwaltung die ganzen Arbeitsaufträge schnell erledigen. Vor allem müssen wir uns wegen der Trainingsstrecke beeilen. Wegen der Pattsituation bei meiner Abwesenheit müssen wir der Landesregierung versichern, dass wir die Motorsportanlage wirklich wollen. Ich lasse den Hauptausschuss noch einmal zusammenkommen und darüber beschließen. Dann fahre ich mit Walter Herbst ins Wirtschaftsministerium, um alles zu klären."

„Ja, du hast schon einiges gutzumachen, mein Sohn!", meldete sich Oma vorwurfsvoll zu Wort. Und dann beschrieb sie eindringlich, welche Sorgen sie sich in der einen Woche gemacht hatte.

„Das kann ich verstehen", bestätigte die Polizistin, „keine Spur von Robert, keine Nachricht, gar nichts. Da macht man sich schon Sorgen."

„Jetzt hört aber mal auf. Ihr hattet überhaupt keinen Grund besorgt zu sein!", rief der Bürgermeister in die Runde.

„Du meinst, schlechte Nachrichten erfährt man immer als erste!", sinnierte Julia. „Genau!", bestätigte ihr Vater etwas verlegen.

Britta Klein kaute gerade an einem Stück Kuchen und beobachtete dabei ihre Gastgeber. „Eines hat mich trotzdem immer stutzig gemacht. Von Anfang an warst du die Ruhe selbst, Julia. Du hast dir wirklich keine Sorgen gemacht, oder?"

Die Schülerin rutschte etwas nervös auf der Küchenbank hin und her.

„Nö, hab ich auch nicht. Papa weiß schon, was er macht. Der lässt sich nicht entführen", antwortete Julia unsicher.

„Nein, nein, junge Frau!" Britta Kleins Polizeiinstinkt brach durch: „Weißt du, was ich glaube: Du wusstest die ganze Zeit, dass deinem Vater nichts passieren konnte, weil du wusstest, wo er war."

Jetzt wurde Julia ganz rot im Gesicht: „Das stimmt überhaupt nicht!", empörte sie sich. Doch dann konnte sie nicht mehr und lachte so laut auf, dass sie sich verschluckte und husten musste. Oma klopfte ihr auf den Rücken und sagte mahnend: „Jetzt bin ich aber mal gespannt, was du uns noch zu erzählen hast."

Julia schaute zuerst auf ihren Vater, der ermunterte sie mit einem heftigen Kopfnicken.

„Na gut. Papa hat mit mir einen Plan ausgeheckt. Er würde für ein paar Tage verschwinden, die Abstimmung im Stadtrat zum Einkaufszentrum würde schiefgehen und wir haben so die Zeit gewonnen, den Einwohnerantrag zu stellen. Und damit alles echt aussieht, habe ich erst mit allem angefangen, nachdem Papa schon weg war. Aber wo er war, wusste ich wirklich nicht." Julia verschränkte ihre Arme vor ihrer Brust.

Oma japste nach Luft: „Das ist ja eine Unverschämtheit! Mich so ..."

„Jetzt mach mal einen Punkt, Mutter. Ihr habt schließlich alle drei von meinem „Verschwinden" gewusst. Nur wusstet ihr nicht, dass die anderen beiden es auch wussten! Sollte ja alles echt wirken!" Robert Schultz brach in lautes Gelächter aus. „Ein toller Coup!", japste er zwischendurch.

Julia und die beiden Frauen kamen sich nun doch etwas blöd vor. Da hatte jede von ihnen den anderen ein Schauspiel geliefert und nicht geahnt, dass sie selber eine Vorführung geboten bekommen hatten.

„Das heißt, die „Ermittlungen" waren gespielt?", fragte Oma die Polizistin.

Die nickte: „Ja, ich habe meinen Wagen in die Tiefgarage des Rathauses gebracht. Robert ist dann mit einem angeklebten Bart und einer Sonnenbrille gewappnet mit meinem Auto in sein Versteck gefahren. Allerdings weiß ich nicht, wo er sich aufgehalten hat."

„Das kann ich aufklären", warf Oma ein. „Er hat sich bei meiner Schwester versteckt. Die war für zwei Wochen auf Teneriffa und ich habe einen Hausschlüssel."

„Dann hast du gar nicht mit Tante Anni gesprochen, als ich einmal vom Treffen mit Frau Schöne nach Hause kam?", wollte Julia wissen. Oma schüttelte den Kopf. „Nein, mit deinem Vater hab ich an dem Tag kurz telefoniert. Du hattest Recht, die konnte gar nicht zu Hause sein."

Als sich alle wieder beruhigt hatten, blickte der Bürgermeister ernst in die Runde: „Wir müssen alle dicht halten. Wenn dieses Komplott[22] herauskommt, steht womöglich doch noch ein Disziplinarverfahren gegen mich ins Haus – und eine Chance auf Wiederwahl hätte ich wohl auch nicht. Außerdem ..."

„Außerdem, was?", wollte Julia wissen.

„Außerdem wären alle Verabredungen mit den Fraktionen und die Ergebnisse der Bürgerversammlung in Gefahr."

Julia seufzte. „Ich verrate nichts und Oma und Britta bestimmt auch nicht! Darf ich eigentlich Britta sagen?"

Die Angesprochene nickte. Robert Schultz legte einen Arm um ihre Schultern und erzählte noch eine Geschichte. Doch die gehört nicht hierher.

Ein Brief als Nachwort

Hallo, liebe Leserinnen und Leser,
ich bin Julia, die Tochter vom Bürgermeister. Ihr wollt bestimmt wissen, ob es in Wildenburg nun wirklich einen Technik- und Freizeitpark gibt. Die Antwort ist nein. Aber es wird gerade viel gebaut in Wildenburg. Auf dem kleinen Grundstück am Rande der Stadt entsteht eine kleine Kartbahn. Außerdem wird es in einem zweiten Gebäude ein Technikmuseum mit Flug- und Autosimulatoren geben. In ein paar Monaten ist Eröffnung, und meine früheren Klassenkameraden werden alle als Ehrengäste dabei sein. Walter Herbst hat uns sogar schon zweimal durch die Baustelle geführt, um uns die Fortschritte zu zeigen.

Mitten in der Stadt wird es neue Wohnungen für junge und alte Menschen geben. Das frühere Fabrikgelände ist so groß, dass auch noch das geplante Kino entsteht. Außerdem hat Walter Herbst Investoren für ein Fitness- und Geschicklichkeitszentrum gefunden. Alte und Junge können auf überdachten Geschicklichkeitsparcours etwas für ihre Bewegung tun. Ist zwar alles nicht dasselbe wie ein großer Wissenspark, aber wir konnten doch eine ganze Reihe Ideen auf den Weg bringen. Eine Skateranlage, die alle umsonst nutzen dürfen, wird es übrigens auch geben.

Seit dem Kaffeekränzchen ist ein Jahr vergangen. Mein Vater und Britta, die Polizistin, haben geheiratet und Oma hat beschlossen, zu Tante Anni zu ziehen. Es wäre sonst etwas eng geworden in unserem alten Fachwerkhaus.

Bevor ich mich nun von euch verabschiede, wollte ich euch noch auf etwas aufmerksam machen. Wenn ihr in eurer Stadt auch mitmischen wollt, dann solltet ihr nicht nur meine Geschichte lesen, sondern eure Lehrerinnen und Lehrer auf die Unterrichtsmaterialien zum Buch aufmerksam machen.

Es gibt Erklärungen zu den ganzen politischen Begriffen und zusätzliche Geschichten, die euch zeigen sollen, wie man auch als Kind die Politikerinnen und Politiker in Bewegung bringen kann. Aber glaubt bitte nicht, dass die alle doof sind.

Die, die ich kennengelernt habe, waren eigentlich alle ganz nett. Wir waren nicht immer einer Meinung, aber geholfen haben sie uns trotzdem. Ob ich auch einmal Bürgermeisterin werden will, weiß ich noch nicht. Interessant wäre es bestimmt. Ich habe ja noch Zeit zu überlegen.

Aber einmischen werde ich mich auch in Zukunft. Ich weiß jetzt, dass man etwas bewirken kann, auch wenn man Kompromisse machen muss.

Herzliche Grüße

eure Julia

Erklärung wichtiger Fachbegriffe

1 | Flächennutzungsplan
In einem Flächennutzungsplan (FNP) wird von einer Stadt festgelegt, wofür man die Flächen in ihrem Gebiet nutzen darf: zum Wohnen, für Gewerbe, für die Landwirtschaft oder für Sport und Erholung.

2 | Investor
ist ein Unternehmer, der für ein Projekt Geld ausgibt („investiert") und etwas baut oder einrichtet oder ein Geschäft eröffnet.

3 | Instanz
ist eine zuständige Stelle bei einem Amt, in einer Verwaltung oder bei einem Gericht, wo etwas entschieden wird.

4 | Land/Landesmittel
Die Bundesländer geben den Städten und Gemeinden für besonders wichtige Aufgaben Geld: z. B. für Schulen, Sportanlagen, Theater oder Büchereien.

5 | Kompromiss
Wenn mehrere Personen oder Gruppen unterschiedliche Interessen oder Ideen haben, wird so lange miteinander geredet und verhandelt, bis man eine Lösung gefunden hat, mit der alle einverstanden sind. Einen Kompromiss erreicht man nur, wenn alle ein bisschen nachgeben.

6 | Parteien und Fraktionen im Stadtrat
Die Bürgerinnen und Bürger einer Stadt (oder Gemeinde) wählen ein eigenes „Parlament", den Stadtrat (oder Gemeinderat). Die politischen Parteien stellen Kandidaten zur Wahl auf. Die gewählten Mitglieder eines Stadt- oder Gemeinderates aus derselben Partei bilden eine Fraktion, die denselben Namen trägt wie die politische Partei, die dahinter steht. Den politischen Parteien werden oft bestimmte Parteifarben zugeordnet, die Bezug zu ihren Programmen haben und meist nur aus ihrer Geschichte zu verstehen sind.

7 | Bebauungsplan
In einem Bebauungsplan legt eine Stadt fest, welche Art von Bauwerken man auf einer begrenzten Fläche errichten darf, z. b. wie groß und hoch die Gebäude sein sollen, ob die Gebäude zum Wohnen oder für Gewerbe sein sollen, welche Freizeiteinrichtungen gebaut werden dürfen und wie die Straßen verlaufen.

8 | Bürgerbeteiligung
Da ein Flächennutzungsplan und ein Bebauungsplan alle Bürger und Institutionen der Stadt (Gemeinde) betrifft, müssen auch alle angehört werden. So können wichtige Interessen berücksichtigt und mögliche Interessengegensätze ausgeglichen werden.

9 | Subvention
Wirtschaftsunternehmen (z. B. Industrie, Landwirtschaft) bekommen in bestimmten Fällen Steuergelder zur Unterstützung. Diese Unterstützung ist an Bedingungen gebunden. Wenn ein Unternehmen diese Bedingungen nur scheinbar erfüllt, spricht man von Subventionsbetrug; Subventionsbetrug ist ein Gesetzesverstoß und wird mit Gefängnis oder Geldzahlung bestraft.

10 | Steuerhinterziehung
Das Zahlen von Steuern ist gesetzlich festgelegt; es gibt viele verschiedene Steuerarten und Einzelregelungen.
Wer die gesetzlich festgelegten Steuern nicht bezahlt, wird mit Gefängnis oder Geldzahlung bestraft.

11 | Staatsanwaltschaft
ist zuständig für die Verfolgung von Straftaten. Staatsanwälte leiten die Ermittlungsverfahren und erheben Anklage vor Gericht.

12 | Akte
Sammlung von zusammengehörenden Schriftstücken, mit denen eine Verwaltung ihre Entscheidungen nachweisen kann, und die für andere verständlich machen soll, was in einer bestimmten Angelegenheit in der Vergangenheit geschehen ist.

13 | Beigeordnete
sind leitende städtische Beamte, die den Bürgermeister/ die Bürgermeisterin bei der Führung der Verwaltung unterstützen.

14 | Umwidmung
Wird in einem Flächennutzungs- oder Bebauungsplan die geplante Nutzung verändert, nennt man das „Umwidmung".

15 | Patt
Wenn bei einer Abstimmung in einem Parlament gleich viele Ja- und Nein-Stimmen abgegeben werden, nennt man diese Stimmengleichheit „Patt". Das Wort kommt aus dem Schachspiel.

16 | Dienstaufsichtsverfahren/Dienstaufsichtsbeschwerde
Wenn Verwaltungsbeamte in ihrem Beruf schwere Fehler machen, kann man ihnen nicht einfach kündigen; es gibt dafür die Möglichkeit, sich bei den Vorgesetzten (der Dienstaufsicht) zu beschweren.
Vom Dienst suspendiert werden Verwaltungsbeamte, deren Fehlverhalten so schwer ist, dass die Person den Posten verlassen muss, damit nicht noch mehr oder Schlimmeres passiert.
Meistens wird dann die Person an eine andere Stelle versetzt, wo sie keinen Schaden mehr anrichten kann.

17 | Pfändung
Kann oder will eine Privatperson oder ein Unternehmen ihre/seine Schulden nicht zurückbezahlen, dann können Wertgegenstände oder Geld auf einem Bankkonto als Ersatz oder als Pfand für die Schulden beschlagnahmt („gepfändet") werden.

18 | Ressort
Genau abgegrenzter Arbeitsbereich in einer Verwaltung, für den bestimmte Verwaltungsbeamte zuständig und verantwortlich sind.

19 | Hauptausschuss
Stadt- oder Gemeinderäte tagen (wie alle Parlamente) nicht immer in voller Besetzung (Plenum), sondern bilden kleinere, besser arbeitsfähige Ausschüsse. Der wichtigste Ausschuss in Stadträten ist der Hauptausschuss; Beschlüsse im Hauptausschuss können in vielen Fällen einen Beschluss des Stadtrats ersetzen.

20 | Kämmerer
nennt man in den Städten und Gemeinden den für das Geld zuständigen Verwaltungsbeamten („Finanzminister").

21 | Vertagung
Wird eine Beratung abgebrochen und auf einen anderen, späteren Tag verschoben, nennt man das „vertagen".

22 | Komplott
Ist eine Verschwörung, bei der sich mehrere Personen heimlich verabreden, um einen Plan auszuführen.

WiR haben dieses Buch gemacht

Hannah Schmidt-Kuner
Beratung, Training und Moderation
in Politik und Verwaltung, Aachen

Fast 20 Jahre habe ich in der Aachener Kommunalpolitik aktiv mitgemacht. In den Städten und Gemeinden können die Bürgerinnen und Bürger viel mitbestimmen und die Ergebnisse von Politik sind direkt sichtbar. Das macht Kommunalpolitik für mich so interessant.

Foto Wadewitz-visuell.de

Als Kind wollte ich Bürgermeisterin werden. Jetzt arbeite ich als Beraterin, Moderatorin und Trainerin für Politik, Verwaltung und öffentliche Unternehmen. Politikerinnen und Politiker brauchen viel Unterstützung, deshalb auch dieses Buch. Mit Susana dos Santos Herrmann habe ich bereits ein anderes Buch geschrieben: „Bürgerschaft und Management – Praxisbuch für Kommunalpolitik".

Susana Dos Santos Herrmann,
PR-Beraterin und Mitglied des Rates
der Stadt Köln

Politik ist nichts für Kinder! Stimmt nicht, dachte sich mein alter Patenonkel. Er las mir als Kind Zeitungsartikel über seine politischen Vorbilder vor. Das fand ich so spannend, dass ich mich später selber politisch engagierte.

Foto Aaron Herrmann

Heute bin ich Mitglied des Kölner Stadtrates. Weil ich finde, dass auch Kinder wissen sollten, was in ihrer Stadt alles passiert und wer das bestimmen darf, lade ich regelmäßig Schulklassen zu einem Besuch ins Rathaus ein.
Und weil nicht alle Kinder nach Köln ins Rathaus kommen können, habe ich diese Geschichte geschrieben.

Anja Schmidt,
Grundschullehrerin, wohnt mit ihrer Familie in Aachen

Ich bin Grundschullehrerin. Vor allem Sachunterricht mag ich gern. Ich finde es spannend, zusammen mit meinen Schülerinnen und Schülern den Dingen auf den Grund zu gehen. Meine Aufgabe ist es, Bücher, Texte und Bilder für Kinder auszuwählen, die sie verstehen und interessant finden. Oft beschäftigen sich Kinder in der Schule zum ersten Mal mit Kommunalpolitik und sind dann überrascht, was alles dahintersteckt.
Ich habe bereits an dem Unterrichtswerk „Tintenklecks – Das Deutschbuch" mitgearbeitet. Demokratie in der Klasse und im Unterricht ist darin auch ein Thema.

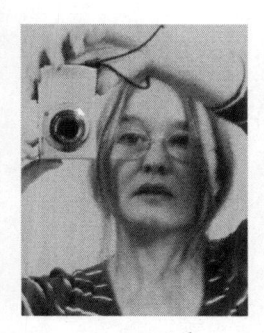

Foto Schleicher

Sybille Hübener,
Grafikerin und Illustratorin,
Atelier am Kirschgarten, Köln

Als ich klein war, habe ich Bücher gelesen, die Erwachsene für Kinder gemacht haben. Heute bin ich groß. Nicht sehr groß, aber das, was man allgemein „erwachsen" nennt. Und jetzt mache ich selbst mit anderen zusammen Bücher und Zeitschriften für Kinder. Das macht mir viel Spaß. Und ich schau mir immer noch gerne Bücher an, die für Kinder gemacht wurden. Dort kann man viele schöne Geschichten und Bilder finden.
Politik ist ein wichtiges Thema für mich. Politische Entscheidungen greifen in unser Leben ein. Deshalb ist es klug, die Politik selbst mitzubestimmen.

Material zum Buch

Wirbel im Rathaus

Kommunalpolitik im Unterricht

Wie gut kennen Ihre Schülerinnen und Schüler ihre Gemeinde, ihre Stadt?
Wer hat in der Gemeinde, in der Stadt zu bestimmen?
Wie wird man Bürgermeister – und bleibt es?

Didaktische Hilfen, Unterrichtsentwürfe und weiterführendes Material stehen bereit unter **www.wirbelimrathaus.de**
WiR haben für Sie vorgearbeitet.

Die perfekte Ergänzung zum Buch.

Weitere Exemplare:
edition-octopus.de
ISBN 978-3-86991-783-2
Preis 9,00 €

WIRBEL IM MATERIAL RATHAUS

www.wirbelimrathaus.de